Carlos Gagern

Tote und Lebende

Erinnerungen

Carlos Gagern

Tote und Lebende
Erinnerungen

ISBN/EAN: 9783743620568

Hergestellt in Europa, USA, Kanada, Australien, Japan

Cover: Foto ©Andreas Hilbeck / pixelio.de

Manufactured and distributed by brebook publishing software (www.brebook.com)

Carlos Gagern

Tote und Lebende

Todte und Lebende.

Erinnerungen

von

Carlos von Gagern.

Meminisse juvat.

Zweite Reihe.

Berlin 1884.

Abenheim'sche Verlagsbuchhandlung
(G. Joël).

Inhalt.

Jesus Gonzalez Ortega 1

Louis Forey und François Achille Bazaine . . . 63

Janvier de la Motte und die Herzogin von Persigny . 113

Louis Napoléon 163

Jules Favre und Adolphe Thiers 209

Karl Heinzen 255

Erzherzog Ferdinand Max 303

Schlußwort 395

Jesus Gonzalez Ortega.

General Gonzalez Ortega war gleich der Mehrzahl der Officiere, welche in Mexiko die in Santa Anna und später noch ausgeprägter in Miramon verkörperte rückschrittliche Partei auf dem einzig möglichen, nämlich dem revolutionären Wege bekämpften und stürzten, kein Berufssoldat. Dem Staate Zacatecas entstammend, hatte er sich ursprünglich der Advokatur gewidmet, ohne auf diesem Gebiete besondere Erfolge zu erzielen. Seine Gegner gaben ihm deshalb den Beinamen „tinterillo", was ziemlich gleichbedeutend ist mit unserm „Federfuchser", wie in preußischen Armeekreisen früher diejenigen Leute spöttisch und verächtlich bezeichnet zu werden pflegten, welche anstatt das „edle" Waffenhandwerk zu betreiben, ausschließlich mit Gänsekiel oder Stahlfeder hantierten, anstatt Blut auf dem „Felde der Ehre" zu vergießen, sich begnügten, auf Aktenpapier Tinte zu verspritzen. Seitdem von Letzteren so Viele als Reserveofficiere an der Seite der „Kameraden von der Garde und der Linie" im Kugelregen gestanden haben, ist übrigens jenes Spottwort ziemlich außer Gebrauch gekommen.

Den Deutschen wird der Vorname „Jesus" — der Accent liegt auf der letzten Sylbe — auffallend erscheinen; in spanischen Ländern kommt derselbe hingegen häufig vor, giebt es daselbst doch solcher eine Menge sehr eigenthümlicher. Unsern Ohren

1*

würde es z. B. komisch klingen, eine Dame mit Fräulein
„Empfängniß" oder gar mit Frau „Fleischwerdung" — Seño-
rita Doña Concepcion oder Señora Doña Encarnacion —
anreden zu hören; noch seltsamer, daß ein Mann Don Dolores
oder Don Guadalupe heißt, obgleich diese Namen ursprünglich
weibliche sind, wie indeß auch unter den deutschen Katholiken
Knaben bisweilen „Maria", freilich nur unter Hinzufügung eines
männlichen Namens, getauft werden.

Als ich Gonzalez Ortega während der ersten Winter-
monate des Jahres 1861 in der Hauptstadt kennen lernte, war
er ein Mann in den besten Jahren, von hoher, doch uneleganter
Gestalt, breitschultrig, vierschrötig, trotzdem aber von lebhaften
Bewegungen. Auf etwas zu kurzem Halse ruhte ein starker, fast
viereckiger Kopf mit hervorstehenden Backenknochen. Seine kleinen
schwarzen Augen funkelten wie Leuchtkugeln. Den breiten, sinn-
lichen Mund umspielte in der Regel ein heiteres Lächeln; die
Oberlippe bedeckte ein spärlicher, aufgewirbelter Schnurrbart. Der
Gesammteindruck war nicht unsympathisch, bekundete jedoch keine
hervorragende geistige Bedeutung. In seiner ganzen Erscheinung
zeigte sich Jovialität und eine unverkennbare Neigung zu fröh-
lichem Lebensgenuß.

So sah ich ihn bei einem Bankette, das ihm zu Ehren
der schon in meinem Artikel über Miramon beiläufig erwähnte
Gabor Raphegyi, welcher damals Direktor der Gascompagnie
in Mexiko war, gegeben hatte. Zur Zeit der Reaktion pflegte
dieser den Umständen stets geschickt Rechnung tragende Spekulant
vorwiegend geistliche Herren in seinem gastlichen Hause zu versammeln. Kaum war jedoch die Regierung Miramon's gefallen,
so drängte er sich an die Führer der siegreichen Revolution und
umschmeichelte sie auf alle Art. Ja in der Voraussicht des
politischen Dekorationswechsels hatte er die Taufe seines jüngsten
Kindes verschoben, um einen jener Führer und zwar gerade
Gonzalez Ortega zu bitten, bei ihm Pathe zu stehen, während

bei dem früher geborenen der greise Erzbischof Lázaro de la
Garza durch das Drängen des Vaters bewogen worden war,
per procura als solcher zu fungiren.

Natürliche Begabung fehlte Gonzalez Ortega keineswegs.
Seine Begeisterung für Freiheit und Fortschritt war eine auf-
richtige. Als Volksredner hatte er sich große Popularität in
seinem Staate erworben, und er trat aus innerer Ueberzeugung
für die liberale Sache ein. An der Spitze der von ihm als
Gouverneur in Zacatecas ausgehobenen Milizen hatte er den bis
dahin unbesiegten General Miramon, was ich ausführlicher im
ersten Theile dieses Buches erzählt habe, zuerst bei Silao, dann
in dem entscheidenden Treffen bei San Miguel Calpulalpam
geschlagen. Ein blindes Huhn kann möglicherweise sogar zwei
Weizenkörner finden, warum sollte ein laienhafter General, wenn
ihn das Glück begünstigt, nicht zwei Schlachten gewinnen? Daraus
folgt freilich nicht, daß er auch in der dritten und vierten gleichen
Erfolg haben müsse. Eher ist das Gegentheil wahrscheinlich.
Ueberdies verdankte Gonzalez Ortega jene beiden Siege vorwiegend der Mitwirkung des damals ihm untergeordneten, mit
höherem militärischen Talent begabten Generals Ignacio Zaragoza und dessen wackern Grenztruppen. Wie es in der Regel
geschieht, fiel Ersterem aber, weil er der Oberbefehlshaber des liberalen Heeres war, der reichste Antheil an den errungenen Lorbeeren zu. Nach dem Einzuge des Präsidenten Juarez in die
Hauptstadt im Januar 1861 wurde er als Belohnung von
diesem zum Kriegsminister ernannt. Er gab den Posten wieder
auf, um bei den bald darauf vorgenommenen Wahlen als dessen
Gegencandidat für die Präsidentschaft in die Schranken zu treten,
mußte sich jedoch zufrieden geben, zum Vorsitzenden des obersten
Gerichtshofes, also zum Vicepräsidenten der Republik, erwählt
zu werden. Bei Beginn der Invasion nahm er keine militärische
Stellung ein.

Es liegt in der Natur der Dinge, daß für die Freiheit

unternommenen Revolutionen selten militärisch gebildete Heer=
führer zu Gebote stehen. Der Wehrstand entwickelt nothwendig
in den ihm Angehörenden retrograde, wenigstens conservative
Grundsätze. Nur ausnahmsweise vermögen dessen Mitglieder
sich frei davon zu halten. In ihrer Mehrheit werden sie sich
schwerlich an einer mit den Waffen gegen die bestehende Regie=
rung durchzuführenden liberalen Bewegung betheiligen, wenngleich
Fälle der Art in Spanien vorgekommen sind, so daß jene die
erforderlichen Officiere und Generale größtentheils improvisiren
muß. Der Einfluß, welchen die militärische Laufbahn, mit dem
stummen Gehorsam — perinde ac cadaver — der Unter=
gebenen als Grundlage, auf den Charakter der Vorgesetzten aus=
übt, geht sogar so weit, daß selbst die improvisirten Führer einer
siegreichen Revolution allmälig, zum Theil gegen ihr besseres
Wissen und Wollen, die fast untrennbar damit verbundenen Ten=
denzen und Gewohnheiten annehmen, oft früher als sie sich die
nöthigen Fachkenntnisse aneignen.

So standen auch in Mexiko die meisten Berufssoldaten auf
Seite Miramon's, und als kaum ein Jahr nach dessen Fall
die Republik eine europäische Invasion zurückzuweisen hatte,
schlossen sich Viele derselben lieber den fremden Feinden als den
Liberalen an, von denen sie besiegt worden waren. Die Re=
gierung verfügte demnach über eine verhältnißmäßig geringe An=
zahl geschulter Officiere. Natürlich war die derjenigen, welche
ihrem Range nach geeignet waren, den Oberbefehl zu übernehmen,
und nebenbei ausreichendes Vertrauen auf ihre politische Gesin=
nungstreue einflößten, eine noch viel beschränktere.

Auch die Anzahl der disponiblen Truppen war anfänglich
eine durchaus ungenügende. Juarez, als ächter Republikaner,
war ein Feind der Institution des stehenden Heeres — egército permanente; er vergaß jedoch dabei, daß in der Regel
10,000 Mann regulärer Truppen mehr ausrichten als 30,000
Volontäre, weil selbst der glühendste Patriotismus nicht die mili-

tärische Disciplin und Ausbildung zu ersetzen vermag. General Trochu hat, an dem Leitfaden geschichtlicher Dokumente, die fable convenue von den großartigen Erfolgen der aus der Erde gestampften Armeen der ersten französischen Revolution gründlich zerstört. Juarez hatte die 30,000 Mann, welche Miramon's Herrschaft gestürzt und ihm selbst die Thore der Hauptstadt ge= öffnet hatten, so schnell als möglich in ihre respectiven Staaten zurückgeschickt und fand sich daher bei Beginn der Invasion bei= nahe ohne Truppen derselben gegenüber. In aller Eile mußten nun Mannschaften zusammengerafft werden, um damit das so= genannte „Ostheer" — egército de Oriente — zu bilden. Auch an Zahl stand jedoch dieses den combinirten Contingenten der drei alliirten Mächte — Spanien, England und Frankreich — bedeutend nach, nicht zu gedenken der Inferiorität, was Be= waffnung, Organisation und Ausbildung anbetrifft.

Mit dem ersten Commandeur dieser schwachen Ostarmee, General Don José Maria López Uraga, demselben, welcher während der Regierung Santa=Anna's 1853 und 1854 als mexikanischer Gesandter in Berlin weilte, hatte sie schlimme Er= fahrungen gemacht. Wohl war ihm ein tüchtiges Organisations= talent nicht abzusprechen; ebenso bekundete er eine große Energie in der Aufrechterhaltung der Disziplin. Dagegen fehlte ihm die bei einem Nationalkriege höchst wesentliche Eigenschaft einer festen, unwandelbaren Liebe zu seinem Vaterlande und dessen Institutionen. Obgleich damals schon ein Mann mit weißen Haaren und im Besitz nur eines Beines, da er das andre Ende 1860 beim Sturm auf die von reaktionären Truppen besetzte Stadt Guadalajara verloren hatte, war er dennoch geblieben, was er während seiner ganzen öffentlichen Laufbahn gewesen, das heißt ein Lebemann und ein Ehrgeiziger. Man kann es darum begreiflich finden, daß Saligny einen solchen Gegner zu erkaufen unternahm, und wenn auch damals Uraga den ihm von dem französischen Commissär im Namen des Kaisers Napoleon III angebotenen Marschallsstab

mit daran hängendem Gehalte zurückwies, so geschah es wohl
nur, weil er die Frucht noch nicht für reif genug hielt, um
verspeist zu werden.

Als ein Beispiel der rücksichtslosen Energie, mit welcher
Uraga den militärischen Gehorsam zu erzwingen verstand, will
ich folgende Episode mittheilen: In der Schlacht bei Loma Alta
gegen die Reactionäre im Jahre 1860 gab er einem Cavallerie-
obersten den Befehl, mit seinem Regiment gegen eine auf einem
Hügel aufgestellte feindliche Batterie eine Charge auszuführen,
um sie zum Schweigen zu bringen. Der Oberst machte einige
Bemerkungen über die Unausführbarkeit des Befehls oder
wenigstens über die große Gefahr, der man sich dabei aussetze.
Uraga wiederholte ruhig und in den selben Worten wie früher seine
Ordre. Nochmalige Einwände seitens des Obersten. Nochmalige
Wiederholung des Befehls mit gleicher Ruhe und Bestimmtheit. Als
aber zum dritten Male der Oberst sich zu remonstriren erlaubt,
zieht Uraga seinen Revolver, schießt den Widersprechenden nieder
und wendet sich, als ob nichts Besondres vorgefallen, an den
Oberstlieutenant des nämlichen Regiments mit den Worten:

„Uebernehmen Sie jetzt das Commando und chargiren Sie!"

Die Charge wurde gemacht und hatte den gewünschten Erfolg.

Uraga's Taktik als Obercommandant der Ostarmee be-
schränkte sich darauf, jedes Engagement mit dem Feinde zu vermeiden. Vor Allem mußte er erst seine Soldaten, Novizen im
Waffenhandwerk, bilden und schulen, ehe er sie gegen europäische
Kerntruppen in den Kampf schicken konnte. Sein Hauptaugen-
merk war, dem Feinde jede Communikation mit dem Innern
des Landes abzuschneiden, alle Vorräthe, alle Transportmittel
lieber zu zerstören, als in dessen Hände fallen zu lassen und
nach Rußlands Vorbild vom Jahre 1812 den Angreifern bei
etwaigem Vordringen eine künstliche Wüste entgegen zu setzen.
Diese Taktik war eine richtige, und es gelang ihm auf diese
Weise, nicht nur die Beschaffung von Lebensmitteln den fremden

Truppen in Veracruz und Umgebung ungemein zu erschweren, sondern auch letztere zu einer völligen Inaktivität zu zwingen, so daß trotz dem gewaltigen Mißverhältniß, welches zwischen Mexiko und den angreifenden Mächten bestand, in dieser Hinsicht der Krieg nicht gerade unter ungünstigen Auspicien für die Republik begann.

Uraga zeigte anfänglich eine große Thätigkeit, um eine kräftige Vertheidigung vorzubereiten. Er selbst glaubte indeß nicht an den Erfolg. Offen erklärte er, daß jeder Widerstand seitens Mexikos ein nutzloser sei, und dämpfte durch seine unvorsichtigen und unpatriotischen Aeußerungen den Muth und die Kampflust seiner Untergebenen. Dies hätte allein schon genügt, seine Enthebung vom Commando zu rechtfertigen. Noch ein andrer schwerwiegender Grund war jedoch hinzugekommen, um diese Maßregel zu einer unausweichlichen zu machen. López Uraga, der sich für unersetzbar hielt, hatte nämlich den Anspruch erhoben, außer seiner Stellung als General en chef, zu gleicher Zeit mit den diplomatischen Unterhandlungen betraut zu werden. Es war sogar bekannt geworden, daß er bereits auf eigene Hand mehrere Zusammenkünfte mit dem verschmitzten Intriganten Saligny gehabt hatte, in denen keineswegs nur rein militärische Fragen erörtert worden waren. Ein derartiges Benehmen mußte natürlich Verdacht erregen, um so mehr, als Uraga häufig Beweise von Charakterlosigkeit, Mangel an festen politischen Prinzipien und Ehrgeiz gegeben hatte. Juarez benützte deshalb eine Veranlassung, die Jener ihm durch Zusendung einer in achtungswidrigem Tone abgefaßten Depesche bot, um ihn zurück zu berufen, und ernannte an seiner Stelle den jungen, von unerschütterlicher Zuversicht zum endlichen Triumph der nationalen Waffen beseelten General Don Ignacio Zaragoza, welchem zwar ebenfalls eine streng militärische Ausbildung mangelte, der sich dafür aber durch glühende Vaterlandsliebe, entschiedenen Muth und einfach gesunden Menschenverstand auszeichnete. Daß diese Wahl eine glückliche gewesen, bewies der von ihm am 5. Mai 1862 bei Puebla über Lorencez und die Franzosen erfochtene Sieg, während Uraga durch seinen späteren Abfall und sein Uebergehen zu Maximilian auf das Deutlichste zeigte, daß er nicht verstand, für die Republik zu leiden und zu darben, als das fremde Kaiserthum Stellen, Ehrenbezeugungen und Geld in die entgegengesetzte Wagschale warf.

Zaragoza begann seinen Amtsantritt damit, daß er eine geharnischte Aufforderung an die Verbündeten richtete, ihre Truppen von den außerhalb Veracruz gelegenen Punkten zurück- zuziehen, widrigenfalls er sie angreifen würde, und sicherlich wäre die That dem Worte gefolgt, wenn nicht mittlerweile die Kon- ferenzen im Dorfe Soledad begonnen hätten.

Nach Zaragoza's schon im ersten Theile von mir ge- schilderten Tode blieb eigentlich nur noch Gonzalez Ortega übrig, um das höchste Commando zu übernehmen. Aus Mangel an einer geeigneteren Persönlichkeit — im Reiche der Blinden ist der Einäugige König — erhielt er es — zum Unglück des Landes!

Gegen den Feldzugsplan der Mexikaner läßt sich Mancherlei sagen.

Allerdings reichten unsere Kriegsmittel nicht aus, um mit Aussicht auf Erfolg das ganze Landesgebiet zu vertheidigen, und die Regierung beschloß deshalb, nach einem unter Vorsitz des Generals Pedro Ampudia in Mexiko gehaltenen Kriegsrath, einen kleinen Theil desselben freiwillig und ohne Kampf dem Feinde zu überlassen, um desto wirksamer den größeren Rest zu schützen. Ich meinte jedoch schon damals und meine auch heute noch), daß, obgleich eine Festung dritten Ranges wie Veracruz und selbst das festere Kastell von Ulúa sich unmöglich lange gegen ein Bombardement der drei vereinigten Flotten hätten halten können, wie ja überhaupt Festungen dazu da sind, um genommen zu werden, es doch wohl vernünftiger gewesen wäre,

den Engländern, Franzosen und Spaniern den Eintritt in das
Land so schwer wie möglich zu machen. Dieses wäre um so
leichter zu erreichen gewesen, als ein Bombardement hauptsächlich
den eigenen Landsleuten der Angreifenden Schaden gebracht hätte,
indem ein großer Theil der Veracruzaner Bevölkerung aus frem=
den Kaufleuten besteht. Leider aber folgte die Regierung dem
Beschlusse jenes Kriegsraths, und so konnten die fremden Truppen
sich gemüthlich ausschiffen und bequeme Quartiere beziehen,
während sie andernfalls sich inmitten von Trümmern und Ruinen
hätten einlogiren müssen.

An den in Veracruz kommandirenden General Lallave
war nun schon im Monat Dezember 1861 der Befehl er=
gangen, sich bei dem Erscheinen der feindlichen Flotten aus der
Festung San Juan de Ullúa und der Hafenstadt Veracruz unter
Protest mit seinen wenigen Truppen landeinwärts zurückzuziehen.

Ich selbst war während der Jahre 1854 bis 1856 mit
der Wiederherstellung der Befestigungen jener beiden Plätze be=
auftragt gewesen. Trotzdem verdiente Veracruz, wie gesagt,
höchstens die Bezeichnung einer Festung dritten Ranges, wenn=
gleich sie in den Bürgerkriegen manche Belagerung ausgehalten
und, weil sie zweimal die von Miramon gegen sie vergeblich
versuchten Angriffe zurückgeschlagen, den ehrenden Beinamen „la
heróica" — die heldenmüthige — erhalten hatte. Die Mauer,
welche die Stadt von der See= und Landseite umschließt und eine
Reihe von Bastionen mit einander verbindet, von denen nur die
beiden hart am Strande gelegenen einige Widerstandsfähigkeit be=
sitzen, ist nicht hoch und stark genug, um eine Beschießung durch
die riesigen modernen Geschütze auszuhalten, um so weniger,
als keinerlei Außenwerke vorhanden sind, und der Feind unge=
hindert an einer andern Stelle der Küste landen kann, um den
Platz auch vom Lande her anzugreifen, indem er seine Batterien
auf den ihn aus großer Nähe beherrschenden Dünenhügeln —
médanos — etablirt.

Stärker ist das auf einem einsamen Felsen vor dem Hafen liegende San Juan de Ulúa. Auch dort hatte ich tüchtig ge= arbeitet, namentlich nach der offenen See zu die früher fehlenden Strandbatterien mit den dazu gehörigen bombensicheren Pulver= magazinen erbaut. Freilich würde eine kleine Garnison sich nur eine kurze Zeit lang in jenem isolirten Fort haben vertheidigen können. Munition und Lebensmittel mußten ihr bald ausgehen, da sie aus Mangel an einer Kriegsmarine nicht leicht ersetzt werden konnten; ebenso sah es mit dem Wasser schlecht aus, denn ohne Brunnen ist San Juan de Ulúa lediglich auf das in den riesigen gemauerten Cisternen — atarjeas — gesam= melte Regenwasser angewiesen. Ebensowenig vermochte dessen Verbleib in mexikanischem Besitz die Einnahme von Veracruz hintanzuhalten, und wäre auch dann nur im Stande gewesen, die Feinde, nachdem sie sich dort festgesetzt, zu beunruhigen, wenn die Kanonen des Forts rücksichtslos die Stadt selbst bombardirt und theilweise zerstört hätten. Trotz alledem wäre aus den oben angeführten Gründen eine Vertheidigung vielleicht angezeigt gewesen. Dagegen sprach die Erwägung, daß es unklug erschien, einen Theil der ohnehin wenig zahlreichen Truppen als Besatzung auf die Länge doch unhaltbarer Punkte zu verzetteln.

Der Hauptgrund, warum das Aufgeben des Küstenstrichs am mexikanischen Meerbusen beschlossen wurde, bestand in= dessen in dem Umstande, daß in dem daselbst herrschenden vómito uns ein nicht zu unterschätzender Bundesgenosse erwuchs, wie er thatsächlich den Verbündeten empfindliche Verluste bei= gebracht hat. Allein auf der der Südeinfahrt des Hafens von Veracruz vorliegenden kleinen „Opferinsel" — isla de sacri= ficios — schlafen Tausende von französischen Soldaten, hinge= rafft von dem tückischen gelben Fieber, den ewigen Schlaf.

Am Morgen des 8. Dezember 1861 avisirte der auf dem caballero alto. dem das Fort San Juan de Ulúa hoch über= ragenden viereckigen Flaggenthurm, postirte Wächter die Annähe=

rung der spanischen Flotte, welche, entgegen den Vereinbarungen
der Londoner Convention, von Habana aus am 1. sich in Be=
wegung gesetzt hatte und den französischen und englischen Schiffen
vorangeeilt war. So eilig hatte man es gehabt, den Verbün=
deten den Vorsprung abzugewinnen und auf diese Weise viel=
leicht allein Lorbeeren und Vortheile zu ernten, daß man nicht
einmal die Ankunft des Höchstkommandirenden des spanischen
Contingents, des Generals Prim, abgewartet hatte, indem
dieser zusammen mit dem des französischen Corps, dem Admiral
Jurien de la Gravière erst wenige Tage nach Absegelung
der Flotte in der Hauptstadt der Insel Cuba anlangte. General
Gasset kommandirte das spanische, 6000 Mann starke Con=
tingent, Fregattencapitän Rubalcaba die Flotte. Auf Ulúa
und den beiden Küsten=Bastionen von Veracruz wurde die
mexikanische Flagge aufgezogen; die spanischen Schiffe zogen da=
gegen die ihre ein. Damit hatte der Krieg eigentlich schon begonnen.
Von General Uraga, welcher am 10. Dezember in Veracruz
eingetroffen war, wurde in Uebereinstimmung mit Lallave ein
Dekret erlassen, welches jeden freundschaftlichen Verkehr von mexi=
kanischen Bürgern mit dem Feinde unter Androhung der Todes=
strafe untersagte. Am 14. landete ein spanisches Boot. Zwei
Officiere übergaben Lallave eine Note des feindlichen Truppen=
commandanten, welche die Aufforderung enthielt, Veracruz und
San Juan de Ulúa binnen vier und zwanzig Stunden zu
räumen; andern Falls würde das Feuer auf sie eröffnet werden.
Lallave antwortete, daß er auf Befehl der Regierung keine
Vertheidigung der beiden Plätze versuchen werde, gleichzeitig
protestirte er energisch gegen diese Verletzung des Völkerrechts.
Mit seinen Truppen trat er den Rückmarsch nach dem ersten Hoch=
plateau auf dem Wege nach der Hauptstadt an. Gleichzeitig
vollzog sich ein allgemeiner Exodus der patriotischen Bevölkerung
von Veracruz. Am 16. Dezember erfolgte die Ausschiffung des
spanischen Contingents. Der spanische Stolz hatte die Genug=

thuung, das roth-gelbe Banner siegreich, wenn auch ohne vor-
aufgegangenen Kampf in jenen zwei Punkten zu entfalten, aus
denen es sich vierzig Jahre früher höchst bescheiden hatte zurückziehen müssen.

Ernstlicher Widerstand sollte erst bei den Pässen jenes bewaldeten Hochplateaus geleistet werden. Hauptsächlich wurde die
unter dem Namen Chiquihuite bekannte Schlucht, welche die
Straße nach Córdoba und Orizaba sperrt, stark befestigt und mit
genügenden Geschützen armirt, ebenso eine auf dem Wege nach
Jalapa. Ein Vordringen des Feindes auf diesen beiden Straßen
würde ihm zahllose Opfer gekostet haben. Jedenfalls wäre dort
der Invasion ein längeres Halt geboten worden.

Da verfiel der französische Commissär und bisherige Gesandte Dubois de Saligny auf ein perfides Mittel, um ohne
Schwertstreich sich in den Besitz unserer ersten Vertheidigungslinie zu setzen. Auf eine Lüge mehr oder weniger, auf eine neue
Gemeinheit kam es jenem schurkischen Diplomaten nicht an. Er
war es gewesen, der, um den Abbruch der diplomatischen Beziehungen zu motiviren, Napoléon III. berichtet hatte, die ge-
sammte französische Bevölkerung in der Republik sei einstimmig
in ihrem Unwillen gegen die mexikanische Regierung sowie in
ihrem Wunsche, daß derselben eine schnelle und exemplarische Bestrafung zu Theil werden möge, obwohl die in Mexiko wohnenden
Franzosen sich einer vorzugsweise freundlichen Behandlung seitens
der Mexikaner erfreuten und in bester Eintracht mit ihnen lebten.
Er war es auch gewesen, der den englischen Gesandten Sir
Charles Lennox Wyke veranlaßt hatte, eine Note nach London
zu entsenden, worin, in bewußtem Widerspruch mit den Thatsachen,
gesagt worden war, „die bewaffnete Intervention sei unvermeidlich,
um zu verhindern, daß britische Unterthanen straflos unter einer
verderbten und machtlosen Regierung ermordet und beraubt
würden".

Zu Anfang des Januars 1862 trafen der Reihe nach, am

6. der englische Commodore Dunlop mit einer Flotte von sieben
Schiffen ein, unter diesen der „St. George" mit dem damals
achtzehnjährigen Prinzen Alfred, Herzog von Edinburg, an
Bord; am 7. der Admiral Jurien de la Gravière mit dem
französischen Geschwader, und am 8. der General Prim mit
noch weiteren zwei Kriegsschiffen. Die erste officielle Conferenz
der fünf Commissäre — die beiden früheren Minister Frankreichs und Englands, Dubois de Saligny und Sir Charles
Lennox Wyke, befanden sich bereits in Veracruz — fand am
9. statt, und in dieser wurde zunächst beschlossen, eine Proklamation an das mexikanische Volk zu richten, in welcher die Absichten der Intervention auseinandergesetzt werden sollten. Der
von Prim vorgelegte Entwurf wurde mit unwesentlichen Ab-
änderungen angenommen. Obgleich dieses Dokument seiner Zeit
viel besprochen worden ist, will ich es doch hier wiederholen, da
Viele es sicher inzwischen vergessen haben. Es lautete:

„Mexikaner!

„Die Vertreter von England, Frankreich und Spanien erfüllen eine heilige Pflicht, Euch ihre Absichten kund zu thun, in
dem Augenblick, wo sie das Gebiet der Republik betreten.

„Die Heiligkeit der Verträge, von den verschiedenen Regierungen, die in Eurem Lande einander gefolgt sind, gebrochen,
die fortwährend bedrohte persönliche Sicherheit unserer Landsleute
haben diese Expedition nothwendig und unvermeidlich gemacht.

„Diejenigen täuschen Euch, welche Euch glauben machen
wollen, daß hinter den Forderungen, die ebenso gerecht als legitim
sind, sich Pläne von Eroberung verstecken, von Restauration oder
von Einmischung in Eure Politik und Verwaltung.

„Die Nationen, die mit Loyalität Eure Unabhängigkeit
angenommen und anerkannt, haben ein Recht, zu erwarten, daß
Ihr sie nicht von illegitimen Gedanken beseelt glaubt, sondern
vielmehr von edleren, erhabeneren und großmüthigeren. Die drei
Nationen, als deren Vertreter wir hierher gekommen sind, und

deren erſtes Intereſſe zu ſein ſcheint, Genugthuung zu fordern
für das ihnen zugefügte Unrecht, haben ein höheres Intereſſe,
eines von allgemeineren und wohlthätigeren Conſequenzen. Sie
kommen, eine Freundeshand zu reichen dem Volke, welches die
Vorſehung verſchwenderiſch mit allen ihren Gaben überſchüttet
hat, und das, wie ſie mit Trauer ſehen, ſeine Kräfte aufzehrt
und ſeine Lebenskraft zerſtört unter dem heftigen Anprall von
Bürgerkriegen und andauernden Revolutionen.

„Dies iſt die Wahrheit, und wir, die wir beauftragt ſind,
Euch ſolche darzulegen, thun es nicht in der Form eines Kriegs=
rufes oder einer Drohung, ſondern damit Ihr das Gebäude
Eures Glücks, das uns Allen am Herzen liegt, errichtet.

„Es iſt Eure, ausſchließlich Eure Aufgabe, ohne fremde
Intervention, Euch auf eine feſte und dauerhafte Weiſe zu con=
ſtituiren. Euer Werk wird ein Werk der Wiedergeburt ſein,
und Alle werden zu demſelben beigetragen haben, die Einen mit
ihren Meinungen, die Andern mit ihrer Intelligenz, Alle mit
ihrem Gewiſſen. Das Uebel iſt ernſt, das Heilmittel dringend.
Jetzt oder nie könnt Ihr Euer Glück machen.

„Mexikaner! Horcht auf die Stimmen der Verbündeten,
als einen Rettungsanker in dem entfeſſelten Sturme, der Euch
fortreißt. Hegt das größte Vertrauen zu ihrer guten Geſinnung
und ihren aufrichtigen Abſichten! Fürchtet nichts von den un=
ruhigen und ruheloſen Geiſtern, die, ſollten ſie auftreten, Eure
mannhafte und entſchiedene Aufrichtigkeit zurückzuſchrecken wiſſen
wird, während wir als Zuſchauer bei dem großartigen Schauſpiel
Eurer durch Ordnung und Freiheit geſicherten Wiedergeburt den
Vorſitz führen.

„So wird es, wir wiſſen es ſicher, von der oberſten Re=
gierung, an welche wir uns wenden, verſtanden werden. So
wird es verſtanden werden von der Intelligenz des Landes, zu
dem wir ſprechen, und deſſen Einwohner als wahre Patrioten
nicht umhin können werden, einzugeſtehen, daß ſie ſämmtlich ihre

Waffen ruhen zu lassen und an die Vernunft zu appelliren haben, die allein im neunzehnten Jahrhundert triumphiren sollte."

Ich will den bombastischen, unklaren, oft unlogischen Styl dieses Manifestes bei Seite lassen. Wo aber, frage ich, ist im neunzehnten Jahrhundert, „in welchem nur die Vernunft triumphiren sollte", ein ähnlicher Fall vorgekommen, daß fremde Mächte sich direkt an die Bewohner eines von ihnen piratenmäßig, ohne vorangegangene Kriegserklärung, überfallenen Landes richten und dieses verblümt auffordern, seine rechtmäßige, aus allgemeiner Abstimmung hervorgegangene Regierung davonzujagen, um zu seiner angeblich nothwendigen politischen Wiedergeburt zu schreiten, bei der jene fremden Mächte sich, mit den Waffen in der Hand, erbieten, als Hebeamme zu fungiren?

Ich will einmal den Spieß umdrehen, um die Unsinnigkeit und Frechheit einer derartigen Forderung in das rechte Licht zu stellen.

Louis Napoléon behauptete, durch das allgemeine Stimmrecht den Thron Frankreichs einzunehmen. Viele ehrenwerthe Franzosen sahen jedoch seine Regierung als eine ihnen aufgedrungene an, ohne Zweifel mit größerem Rechte, als einzelne Mexikaner die des Präsidenten Juarez, dessen Wahl eine völlig spontane gewesen war. Ich nehme nun an, dieselbe Ansicht von der Usurpation Napoléon's und von der Tyrannei, welche er über sein Land ausübte, sei von den Vereinigten Staaten, von Mexiko und von Chile getheilt worden, diese drei Mächte hätten eine gemeinsame Intervention beschlossen, ihre Flotten an die Küsten Frankreichs geschickt, z. B. Brest oder Cherbourg besetzt, und dann das französische Volk aufgefordert, sich unter ihrer Aegide zu constituiren.

Welche Ungeheuerlichkeit! würde da alle Welt geschrieen haben. Und war diese Ungeheuerlichkeit minder groß, weil sie von drei europäischen Monarchieen an einer schwachen amerikanischen Republik verübt wurde, anstatt von drei amerikanischen Republiken an einer starken europäischen Monarchie?

Ungeachtet der Einmüthigkeit, mit welcher die Vertreter Eng=
lands, Frankreichs und Spaniens ihre Unterschriften unter jenes
Manifest setzten, herrschte doch im Geheimen, von Beginn an
Uneinigkeit, Falschheit, Verfolgen eigensüchtiger Absichten, gegen=
seitiger Argwohn, Lug und Trug unter ihnen. Das war ein
schlechter Kitt für ihr unedles Bündniß gegen eine erschöpfte,
doch nicht entmuthigte Republik. Ein solcher Kitt konnte un=
möglich lange seine Kraft bewahren.

„Se pelearon las comadres" — die Gevatterinnen ge=
riethen denn auch bald in Streit — wie die Spanier sagen.
Das geschah zwischen den Leitern der Invasion schon bei einer
der nächsten Conferenzen, welche sie am 13. Januar 1862
im Palast von Veracruz abhielten. Saligny mißbilligte die
von Prim im voraus verfaßte, an die Regierung von Mexiko
zu richtende Collektivnote. Er wollte vielmehr, daß ohne jedes
Ultimatum sofort auf die Hauptstadt los marschirt würde,
um die Jecker'sche Reklamation, an welcher er ein persönliches
Interesse hatte, einzutreiben. Wie weit seine Unverschämtheit ging,
geht aus einer Depesche hervor, die Wyke am 19. Januar an
den damaligen Minister des Aeußern Russell richtete, worin ge=
sagt wird, weder er noch Prim hätten das französische Ultimatum
gut heißen und durch gemeinsame Aktion unterstützen können, weil
unter anderen Dingen Saligny darauf bestanden habe, auch nicht
untersuchte Reklamationen von vornherein als gültig anzunehmen,
„da eine derartige Untersuchung ihm mindestens zwölf Monate
Zeit gekostet hätte." Es ist dies in finanzieller Hinsicht ein
ähnliches Argument, wie das von dem päpstlichen Legaten einst=
mals gegen die Einwohner von Albi angewandte, unter denen
sich neben den Ketzern einige gute Katholiken befanden: „Tödtet
immerhin Alle, Gott wird die Seinen schon herauskennen!" Hier
hieß es: Bezahlt immerhin Alles, d. h. eine kolossale, ungerecht=
fertigte Summe; Kaiser Napoleon wird schon seine Schuldforde=
rungen herauszufinden wissen. Aber im ersten Falle einmal

todt, im zweiten einmal bezahlt, war nachher nichts mehr zu
machen. Nur weil nicht allein Whfe und Prim, sondern sogar
Jurien de la Gravière opponirten, mußte Saligny von seinem
Vorsaß abstehen. Eine aus Vertretern der drei verbündeten Mächte,
dem Brigadier Milans del Bosch für Spanien, dem Major
Thommasset für Frankreich und Mr. E. Patham für Groß=
britannien zusammengesetzte Commission überbrachte jene Note
nebst den drei Ultimatums jeder einzelnen der Mächte unserer
Regierung nach Mexiko. Auch dieses Schriftstück ist zu merk=
würdig, als daß ich es hier nicht ebenfalls anführen sollte.
Man muß es vor Augen haben, um den späteren Verlauf der
Ereignisse richtig zu verstehen und sich ein Urtheil über das
empörende Verfahren Frankreichs zu bilden. Es lautete fol=
gendermaßen:

„Drei große Nationen schließen kein Bündniß, lediglich um
von einem Volke, das so furchtbare Leiden heimsuchen, Genug=
thuung für die Unbilden zu fordern, welche ihm angethan sein
mögen; drei große Nationen vereinigen, verbünden sich und
handeln in vollständiger Uebereinstimmung, um jenem Volke groß=
müthig eine Freundeshand darzureichen, und ohne es zu demüthigen,
dasselbe aus der so beklagenswerthen Lage, in der es sich befindet,
aufzurichten.

„Das mexikanische Volk hat sein eigenes Leben, es hat seine
Geschichte und seine Nationalität; thöricht ist deshalb der Ver=
dacht, daß zu den Plänen der drei verbündeten Nationen gehören
könne, ein Attentat gegen die Unabhängigkeit Mexikos zu begehen.

„Wir kommen vielmehr, um Zeugen, und wenn nothwendig,
Beschützer der Wiedergeburt Mexikos zu sein. Wir wollen seiner
endgültigen Organisation beiwohnen, ohne irgendwie uns in die
Form seiner Regierung, noch in die innere Verwaltung einzumischen.

„Der Republik allein kommt es zu zu erwägen, welche In=
stitutionen am Besten ihrer Wohlfahrt und den Fortschritten der
Civilisation im neunzehnten Jahrhundert zusagen.“

2*

Obige Note entspricht dem zweiten Abschnitt des zweiten
Artikels der Londoner Convention, worin erklärt wurde, keinen
Einfluß auf die Wahl der Mexikaner bezüglich der Regierungs=
form ausüben zu wollen; von einer Vertheilung der einzukassiren=
den Gelder, die gleichfalls in jenem Dokument ins Auge gefaßt
war, ist jedoch auffallenderweise nicht mehr die Rede. Auch lag
in der Ueberreichung der Collectivnote durch eine officielle Com=
mission eine indirekte Anerkennung der Regierung des Präsidenten
Juarez. Die von Manuel Doblado, dem Minister des
Aeußern, ertheilte Antwort war ebenso staatsmännisch klug als
würdig gehalten. Sie wies die Einmischung der Fremden als
überflüssig zurück, da die Republik schon constituirt sei, und jedoch
zu gleicher Zeit die Vertreter der drei Mächte zu Conferenzen
ein, um die Frage der Reklamationen zu diskutiren.

Eines eigenthümlichen Zwischenfalles will ich hier noch er=
wähnen, da ich vergessen habe, ihn an geeigneter Stelle der ersten
Reihe dieses Buches mitzutheilen. Derselbe ereignete sich Ende
Januar 1862.

An Bord des englischen Postdampfers, von Habana kom=
mend, erschien im Hafen von Veracruz der frühere Präsident
Miramon in Begleitung mehrerer Freunde und Parteigenossen,
unter denen sich der berüchtigte Jesuitenpater Miranda befand.
Seine Absicht war augenscheinlich, die durch die fremde Invasion
in seinem Vaterlande verursachten Verwicklungen auszunützen,
sich an die Spitze der in den Bergen zerstreuten reaktionären
Guerrillabanden zu stellen und zu versuchen, die ihm durch die
Niederlage von Calpulalpam verloren gegangene Präsidentschaft
wieder zu erlangen. Zahlreiche Anhänger erwarteten ihn bereits
in geringer Entfernung von der Küste mit Pferden und Waffen.
Alles schien seine ehrgeizigen Absichten zu begünstigen, als plötzlich
der englische Commodore Dunlop ihm einen bösen Strich durch
die Rechnung machte.

Bekanntlich ist Englands empfindlichster Körpertheil der

Geldbeutel. Dunlop erinnerte sich zu rechter Zeit, daß Ende 1860 Miramon gewaltsamer Weise aus dem englischen Ge= sandtschaftsgebäude in Mexiko 660,000 Pesos, die zur Bezahlung der englischen Schuld dienen sollten, hatte fortführen lassen. So= bald er also die ihm bereits aus der Habana gemeldete Ankunft Miramon's im Hafen von Veracruz erfuhr, widersetzte er sich trotz der Opposition Saligny's, dem dieses neue Element der Uneinigkeit äußerst gelegen kam, auf das Entschiedenste seiner Landung, nahm ihn sogar an Bord des Dampfers gefangen, ließ ihn auf sein eigenes Schiff „Challenger" bringen und nach Habana zurückschicken. Erst unter Maximilian erlangte Mira= mon den Wiedereintritt in die Republik, Anstellung, Ehren und — den Tod!

Es folgten die Conferenzen in dem noch in der Küstenregion gelegenen Dorfe La Soledad zwischen Manuel Doblado und dem General Prim. Die Bevollmächtigten der drei Mächte waren genöthigt gewesen, sich hierzu zu verstehen, weil Juarez sich entschieden geweigert hatte, ohne vorherigen Abschluß von Friedens=Präliminarien den Vormarsch der fremden Truppen in die gesündere Zone zu gestatten.

Folgendes ist der Wortlaut der berühmten am 19. Februar 1862 abgeschlossenen Präliminarien:

„1. In Anbetracht, daß die constitutionelle Regierung, welche gegenwärtig der Republik Mexiko vorsteht, den Com= missären der verbündeten Mächte kundgegeben hat, daß sie der so wohlwollend von ihnen dem mexikanischen Volke angebotenen Hülfe nicht bedarf, da sie in sich selbst die Elemente der Kraft und der öffentlichen Meinung besitzt, um gegen jedweden inneren Aufstand sich aufrecht zu erhalten, betreten die Verbündeten un= verzüglich das Gebiet der Verhandlungen, um sämmtliche Rekla= mationen, welche sie im Namen ihrer beziehentlichen Nationen zu erheben haben, zu formuliren.

„2. Zu diesem Zwecke, und indem die Vertreter der ver=

bündeten Mächte, wie sie es hiermit thun, betheuern, daß sie nichts gegen die Unabhängigkeit, Souveränetät und die Unversehrt= heit des Gebietes der Republik zu unternehmen beabsichtigen, werden die Unterhandlungen in Orizaba eröffnet werden, und an ihnen die Herren Commissäre sowie zwei der Herren Minister der Regierung der Republik sich betheiligen, ausgenommen den Fall, daß nach gemeinschaftlicher Uebereinkunft man sich dahin einige, beiderseitig abgeordnete Vertreter zu ernennen.

„3. Während der Dauer der Unterhandlungen sollen die Streit= kräfte der verbündeten Mächte die drei Ortschaften Córdoba, Orizaba und Tehuacan nebst ihren natürlichen Rayons besetzen dürfen.

„4. Damit auch nicht im Entferntesten geglaubt werden könne, die Verbündeten hätten diese Präliminarien unterzeichnet, um den Durchmarsch durch die befestigten Positionen, welche das mexikanische Heer besetzt hält, zu erlangen, wird bestimmt, daß in dem unglücklichen Falle eines Abbruchs der Unterhand= lungen die Streitkräfte der Verbündeten die vorgenannten Posi= tionen räumen und wieder auf der vor jenen Befestigungen in der Richtung nach Veracruz gelegenen Linie Aufstellung nehmen sollen, wobei als äußerste Punkte auf dem Wege von Córdoba Paso Ancho, auf dem von Jalapa Paso de Ovejas gelten.

„5. Sollte der unglückliche Fall eintreten, daß die Unter= handlungen abgebrochen und die verbündeten Truppen sich auf die im vorigen Artikel angegebene Linie zurückziehen würden, so verbleiben die Hospitäler, welche die Verbündeten etwa haben mögen, unter dem Schutz der mexikanischen Nation.

„6. Am Tage, an dem die verbündeten Truppen ihren Marsch antreten, um die im zweiten Artikel bezeichneten Punkte zu be= setzen, wird die mexikanische Flagge in der Stadt Veracruz und in dem Fort San Juan de Ulúa aufgehißt werden."

Durch die Ratifikation dieser Präliminarien seitens des Präsi= denten Juarez und der Vertreter Spaniens, Frankreichs und Englands war die Londoner Convention zu einer Fehlgeburt geworden.

Mexiko hatte einen großen diplomatischen Sieg errungen. Allerdings war das starke Zugeständniß gemacht worden, fremde Truppen aus der ungesunden Küstenzone in das Innere des Landes eindringen und besonders den sehr leicht zu ver=theidigenden Bergpaß Chiquihuite passiren zu lassen. Andrerseits wurde aber dafür die Regierung des Präsidenten Juarez — „die constitutionelle Regierung" — förmlich anerkannt und durch den Art. 6 ein Beweis geliefert, welches Zutrauen trotz aller entgegengesetzten Verleumdungen man in die Menschlichkeit und Civilisation der sogar in der letzten Thronrede Napoléon's als Barbaren dargestellten Mexikaner setzte. Jedenfalls hätte man eine breite und bequeme Basis zur friedlichen Beilegung aller schwebenden Differenzen gewonnen, wenn nicht Frankreich von Anfang an entschlossen gewesen wäre, die Dinge zu brusquiren.

Mit einer friedlichen Lösung der Streitfrage war weder den geheimen Plänen Napoléon's III noch den ehrgeizigen Absichten der mexikanischen Verräterbande gedient, in der Erzbischof La=bastida die selbe Rolle spielte, wie der berüchtigte Don Opas, und Almonte die des Grafen Julian, welche zu Anfang des achten Jahrhunderts den Mauren unter Muza und Tarek den Weg zur Eroberung der iberischen Halbinsel bahnten. Von einem Priester der römischen Kirche ist solch' Verrath allenfalls begreiflich, denn für die katholischen Geistlichen kommen stets in erster Linie die Interessen der Mutterkirche und nach ihnen erst, wenn überhaupt, die des Vaterlandes. Vor der Hoffnung, die Güter der todten Hand zurückzugewinnen, traten alle patriotischen Bedenken in den Hintergrund, obgleich auch im Schooße des mexikanischen Clerus einzelne rühmliche Ausnahmen zu verzeichnen sind. Unverzeihlicher war das Vorgehen Almonte's, dessen Vater einer der Heroen der mexikanischen Unabhängigkeit gewesen, der von den Spaniern hingerichtete Padre Morelos. Sein eigener Name hätte ihn fortwährend an jene glorreiche Zeit erinnern müssen, denn während der Flucht vor den Truppen der Colonial=

regierung pflegte Morelos, sobald Gefahr sich näherte, seinen
Begleitern zugerufen: „Llevad el niño al monte!" — bringt
das Kind in den Waldberg —, um es dort zu verstecken, so daß
diesem später die beiden letzten Worte als Eigenname verblieben.

Da nun aber eine Menge von Verräthern auch im Innern
des Landes thätig waren und in der Wahl ihrer Mittel, um
die Sache der verhaßten Liberalen zu schädigen, sich durch keine
Gewissensskrupeln beirren ließen, so gestaltete sich die Lage der
Regierung zu einer doppelt schwierigen.

Nur einige Beispiele von der Rücksichtslosigkeit, mit welcher
die Gegenpartei ihre Zwecke zu erreichen strebte, will ich hier an=
führen.

Am 6. März 1862 langte die Milizbrigade aus Oaxaca
in der Stadt San Andrés Chalchiconula an, um dort zu über=
nachten. Sie wurde in einem großen Gebäude einquartiert, das
früher dem Clerus zur Aufbewahrung des ihm als Zehnten ein=
gelieferten Getreides gedient hatte und deshalb colecturía hieß.
Vorher waren die dort aufgespeicherten Munitionsvorräthe heraus=
geschafft und verladen worden. Die damit angefüllten Wagen
und Karren nahmen nicht fern vom Gebäude Aufstellung. In
demselben bereiteten gerade die Frauen der Soldaten an ver=
schiedenen improvisirten Herden das Nachtmahl. Plötzlich, um
halb neun Uhr Abends, erfolgte eine furchtbare Explosion. Der
ganze Munitionspark war in die Luft geflogen und die colecturía
nebst den angrenzenden Häusern in Trümmerhaufen verwandelt,
viele Hunderte unglücklicher Opfer begrabend. Von tausend drei=
hundert zweiundzwanzig Soldaten entkamen nur hundert achtund=
zwanzig! Ferner starben in den Flammen vierhundert fünfund=
sechzig soldaderas, einige dreißig Verkäuferinnen, die sich ebenfalls
im Gebäude befanden, und eine nicht genau festzustellende An=
zahl von Kindern. Von den Einwohnern waren außerdem noch
mehr denn fünfhundert um's Leben gekommen! Bekannte von
mir, welche an jenem Abende in San Andrés Chalchiconula an=

wesend waren, sandten mir eine genaue Schilderung der grauen=
haften Katastrophe.

Was aber hatte diese veranlaßt?

Die allgemeine Meinung glaubte mit Recht an ein Ver=
brechen. Zwischen der colecturía und dem Munitionspark war
ein langer breiter Streifen Pulvers gestreut und dieser entzündet
worden. Die Thäter blieben unentdeckt.

Bei einem andern Falle, welcher ein Licht wirft auf die
geheimen Machinationen der Verräther, hatte ich persönlich in
amtlicher Eigenschaft zu interveniren, zu einer Zeit, als die
Franzosen die Maske bereits abgeworfen. Ich war damals Sekretär
des Staates Querétaro. Der Versuch war gemacht worden, die
Garnison zu einem pronunciamento zu verführen. Die An=
stifter des Complots wurden jedoch rechtzeitig, in der Frühe des
13. Juni 1862, ergriffen. In ihrem Besitz fanden sich Doku=
mente vor, welche keinen Zweifel über ihre Schuld ließen. Das
Kriegsgericht verurtheilte den zweiunddreißigjährigen Haupträdels=
führer, einen gewissen Herrera y Castelan, früheren Adju=
tanten Miramon's und Emissär des Generals Tomás Mejía,
der am 19. Juni 1867 zugleich mit Jenem und dem Erzherzog
Maximilian auf dem Glockenberge — cerro de las campanas
— sein Leben endete, nach dem Gesetze zum Tode durch Er=
schießen. Schweren Herzens, denn ich brauche nicht zu sagen,
daß ich ein principieller Gegner der Todesstrafe bin, mußte ich
die Sentenz unterzeichnen. Als sie unter der vorwiegend conser=
vativen Bevölkerung bekannt wurde, brachte sie eine schmerzliche
Aufregung hervor. Viele der angesehensten Damen der Stadt
begaben sich, mit Trauerkleidern angethan, nach dem Regierungs=
palast und beschworen mich, eine Strafmilderung beim Präsidenten
der Republik zu befürworten. Angesichts der gefährlichen Lage
des Landes durfte ich diese Bitte nicht erfüllen. In der von
mir geleiteten officiellen Zeitung: „La bandera nacional"
schrieb ich:

„Peinlich ist es, seinen Gefühlen Schweigen zu gebieten, um nur die kalte Vernunft sprechen zu lassen. Da die reaktio= näre Partei den Makel des Verraths am Vaterlande auf sich genommen und sich zum Bundesgenossen des fremden Eindring= lings gemacht hat, der gekommen ist, die Unabhängigkeit und die Institutionen der Republik zu zerstören, so würde Milde gegen die Verschwörer ein unpolitischer und unkluger Akt sein, der un= berechenbares Unglück im Gefolge haben müßte. Wäre der Ver= such in Querétaro nicht fehlgeschlagen, so würde die Stadt sich jetzt im Besitz Mejia's befinden und der Schauplatz entsetzlichen Mordens geworden sein."

Die Hinrichtung, der ich beizuwohnen verpflichtet war, erfolgte am 23. Juni auf dem Platze nahe der Alameda. Traurig genug, daß es der Politik nicht immer erlaubt ist, Rücksicht zu nehmen auf die Gebote der Humanität!

Ein drittes Beispiel von der verbrecherischen Handlungsweise der Verräther liefert der Tod Zaragoza's. Er starb in der Stadt, die durch Dekret des Präsidenten seinen ruhmvollen Namen angenommen hat, in Puebla, den 8. Dezember 1862, am Typhus, wie es hieß, an langsamem Gift, wie alle Welt überzeugt war. Und wer konnte dieses Gift ihm beigebracht haben, wenn nicht nach der bekannten Frage der Juristen: cui prodest? diejenige Partei, welche großen Nutzen aus seinem Tode ziehen mußte? Das letzte Wort, das den Lippen des auf Sanct Helena verscheidenden Napoleon entfloh, war „armée"; Zaragoza's letztes Wort war „patria"!

Unwillkürlich bin ich den Begebenheiten vorangeeilt. Ich kehre deshalb zum Abschluß der Friedenspräliminarien von La Soledad zurück.

Die Franzosen bezogen, in Gemäßheit des Artikels 3, als Garnison die Stadt Tehuacan. Nach kurzem Aufenthalt daselbst notificirten sie jedoch dem General Zaragoza, daß sie den Waffenstillstand für beendet ansähen und ihre früheren Stellungen

wieder einnehmen würden, um dann in voller Freiheit die Kriegs-
operationen zu beginnen. Prim und Dunlop mißbilligten entschieden diesen selbstständigen Schritt eines der Verbündeten, für
welchen Saligny keine andere Begründung fand, als daß das
Wasser in jener Ortschaft schlecht sei. Unsere Zeitungen spotteten
darüber, da, wie bekannt, Seiner Excellenz, gleich Noah, als er
aus dem Kasten kam, das Wasser überhaupt nicht schmecke, es
sei denn, daß zu dreiviertel Theilen ihm Cognac beigemischt
werde. Dieser erste Versuch seitens Frankreichs, den Vertrag von
La Soledad über den Haufen zu werfen, mißlang zwar, die
Situation wurde aber dadurch um nichts gebessert; im Gegentheil verschlimmerte sie sich in Folge der Ankunft Juan
Nepomuceno Almonte's, der unter Zustimmung der französischen Commissäre sich lächerlicherweise als gefe supremo de
la nacion aufspielte und Dekrete erließ, die Niemand befolgte.

Seine Hauptaufgabe war, im Geheimen Propaganda zu
machen für die Candidatur des österreichischen Erzherzogs Ferdinand Max. Er war der braune Vorläufer eines weißen
Kaisers, ein Johannes der Täufer, der dem habsburgischen Messias
den Weg bereiten sollte. Seine Sendung hatte sogar einen
offiziellen Charakter, da er Träger eines Briefes von Napoléon
war, in welchem dieser gewissermaßen das Programm der künf-
tigen Monarchie vorgezeichnet hatte, denn als Almonte sich in
Paris seinem Herrn, dem französischen Kaiser, empfahl, glaubte
Napoléon fest, daß die Intervention sehr bedeutende Fortschritte
gemacht hätte, daß Juarez gestürzt sei, und nichts übrig bleibe,
als die Frage der Einsetzung einer neuen Regierung zu lösen.
Im Cabinette der Tuilerieen war man weit entfernt davon zu
vermuthen, daß mittlerweile Friedensverhandlungen angebahnt
worden seien, die Expeditionstruppen, Gewehr bei Fuß, in mexikanischen Städten des Binnenlandes Garnison hielten, und Juarez
kräftiger dastand als vorher, ausgerüstet mit einem neuen, vom
Congreß erlassenen Proskriptionsgesetz gegen alle Vaterlandsverräther.

Almonte begriff, daß nur von einem Kriege die Realisation
seiner Pläne zu erhoffen sei. Sein ganzes Bestreben war dem=
nach darauf gerichtet, die Präliminarien von La Soledad umzu=
stoßen, die für den 15. April nach Orizaba ausgeschriebenen
Conferenzen zu hintertreiben und Mexiko à tout prix in einen
Krieg wenigstens mit Frankreich zu stürzen.

Beschützt von einem Bataillon französischer Truppen machte
er sich Anfangs März auf den Weg nach Córdoba. Kaum
erhielt die Regierung des Präsidenten Juarez Kunde hiervon,
so heischte sie von den Commissären die Auslieferung jenes
Verräthers und stellte zu gleicher Zeit dieselbe Forderung an
den französischen Offizier, der jenes Bataillon befehligte. Die
Antwort des Letzteren war eine peremptorische Weigerung.
Jurien de la Gravière hielt sich für verpflichtet, das Vor=
gehen seines Untergebenen zu billigen, und Saligny erklärte
mit lächerlicher Emphase, Niemand klammere sich vergebens,
Schutz suchend, an die französische Fahne. Es genügt nach dieser
Theorie, daß ein aus seinem Lande verbannter und dorthin, um
Unruhen zu stiften, zurückgekehrter Verräther einen bärtigen
Zuaven umarme, um der nationalen Gerechtigkeit zu entgehen.
Selbst als Prim und Wyke ihre Meinung abgaben, daß das
Begehren der mexikanischen Regierung betreff's Almonte's ge=
recht und vernünftig sei, verharrten die Franzosen bei ihrer Auf=
fassung und führten somit den Bruch der Friedenspräliminarien
herbei.

In der Sitzung, welche am 9. April die Bevollmächtigten
der drei Mächte vor Eröffnung der Conferenzen mit den Ver=
tretern der republikanischen Regierung in Orizaba abhielten, wurde
definitiv das Tischtuch zwischen den Engländern und Spaniern einer=
seits, den Franzosen andererseits zerschnitten. Saligny erklärte,
Frankreich beharre zwar bei der Londoner Convention, erkenne aber
die Abmachungen von La Soledad nicht länger als bindend an. Auf
Prim's Einwand, daß die fremden Truppen und die Commissäre

selbst allein kraft jener Abmachungen in Orizaba weilten, leugnete
der schamlose Diplomat zuerst, dieselben überhaupt unterzeichnet
zu haben, und als der spanische General, erbittert über diese
Frechheit, ihm das betreffende Dokument vor die Nase hielt, auf
welchem deutlich auch der Name Dubois de Saligny's zu
lesen war, erwiderte dieser, die Achseln zuckend:

„Meine Unterschrift ist weniger werth, als das Papier, auf
dem sie steht!"

So handelte ein Repräsentant der „ritterlichen" französischen
Nation!

Jurien de la Gravière setzte hinzu, Kaiser Napoléon III.
wolle durchaus eine Monarchie in Mexiko aufrichten, weil sie
die einzige Grundlage einer starken und dauerhaften Regierung sei.
Der „Moniteur" in Paris erklärte später officiell die Präliminarien
von La Soledad als „contraires à la dignité de la France".

In einer vom selben Tage datirten Collektivnote wurde
unserm Minister Doblado mitgetheilt, daß, da die Commissäre
der drei Mächte nicht im Stande gewesen seien, sich über die
Auslegung der Londoner Convention zu einigen, jede gemeinsame
Aktion derselben fortan aufhöre. Spanien und England zogen
sich von der schmutzigen Affaire zurück, um ihre Fahnen rein zu
erhalten, und schifften ihre Truppen wieder ein, eine Maßregel,
die sowohl durch die Regierung und die Cortes von Madrid als
durch die Regierung und das Parlament von London gebilligt
wurde. Nur Frankreich blieb. Außer dem mit Almonte zu=
sammenhängenden Vorwand hatten die Franzosen noch einen
andern erfunden, um ihr Zurücktreten von den Präliminarien zu
begründen, nämlich die auf Befehl des Generals Zaragoza
am 22. März in Chalchicomula erfolgte Erschießung des mexi=
kanischen Generals Robles Pezuela, der, früherer Liberaler
und Kriegsminister des Präsidenten Arista, später zur Reaktion
übergegangen und von Juarez, weil seiner Sympathien für
die Intervention verdächtig, in eine Stadt consignirt worden war,

die er sich auf Ehrenwort verpflichtet hatte, nicht zu verlassen. Nichtsdestoweniger war er von dort entflohen, um sich zu den Franzosen zu begeben. Er wurde aber in seiner Verkleidung erkannt, gefangen genommen und büßte sein Vorhaben, wie gesagt, mit dem Tode. Das Urtheil entsprach dem Gesetze. Am Wenigsten hatten die Franzosen ein Recht deßhalb zu reklamiren.

Unter der lügnerischen Behauptung, das Leben der in dem Hospital von Orizaba absichtlich zurückgelassenen, zum größeren Theil ganz gesunden Soldaten sei von den Mexikanern bedroht, unterbrach das französische Expeditionscorps den bereits nach Paso Ancho angetretenen Rückmarsch und setzte sich in den Besitz jener natürlich unvertheidigten Stadt. General Graf Lorencez mußte in einer am 20. April erlassenen Proklamation seinen Namen hergeben, um diese erbärmliche Felonie zu beschönigen. Unsere erste, stärkste, wirksamste Vertheidigungslinie, die von Chiquihuite, war damit in die Hände des Feindes gefallen, nicht nach ehrlichem Kampfe, sondern durch schnöden Verrath. Ohne sich einem Zusammenstoß mit unsern Truppen ausgesetzt zu haben, stand dieser mitten im Lande.

Als Zaragoza in Jalapa von dem Wortbruch der Franzosen Kunde erhielt, sagte er: „Mexiko nimmt den Krieg an, ohne ihn provocirt zu haben. Es kann sich rühmen, seinem Worte treu geblieben zu sein. Sein guter Glaube wurde getäuscht. Alle Nationen werden uns Gerechtigkeit widerfahren lassen. Sollte das Schicksal uns ungünstig sein, so werden wir mit Ehren im Kampfe untergehen, die Nachwelt aber wird unsern Namen bewahren und unser Beispiel nachahmen."

Unsere zweite, von der Natur selbst angezeigte Vertheidigungslinie bildeten die sogenannten Cumbres von Acultzingo, zwischen Orizaba und San Agustin del Palmar, eine steile Anhöhe, zu der die Landstraße in Serpentinen emporführt. Leider hatten wir keine Zeit gehabt, auch diese zu befestigen. Ebenso hatte sie uns gefehlt, dort eine genügende Anzahl Truppen und Geschütze zu concentriren. Die am 28. April daselbst gelieferte Schlacht mußte deshalb zu unserm Nachtheil ausfallen, wenn auch mexikanischerseits mit zäher Tapferkeit gekämpft wurde. Dem Vormarsch Lorencez' auf Puebla stand nichts mehr im Wege.

Daß der Angriff auf die beiden, diese Stadt beherrschenden und von schwachen Erdwerken umgebenen Forts Guadalupe und Loreto am 5. Mai 1862 zurückgeschlagen wurde, habe ich bereits früher erzählt. Almonte hatte dem französischen Heerführer die Versicherung gegeben, die Einwohner von Puebla würden ihn und seine Truppen unter Blumengewinden empfangen. Der Sieg konnte indeß, weil die mexikanischen Streitkräfte viel zu gering waren, nicht sofort ausgenützt werden. Lorencez zog sich, nachdem noch ein ohne Entscheidung gebliebenes Treffen bei Barranca Secca stattgefunden hatte, wieder nach Orizaba zurück. Dort beglückwünschte er seine Soldaten für ihre vor Puebla bewiesene Tapferkeit. Der sonderbare Tagesbefehl schloß mit den Worten, welche eine eigenthümliche Illustration durch die letzten Ereignisse erhalten hatten: „Euer Souverän selbst hat gesagt: Ueberall begleitet die Gerechtigkeit die französische Fahne!" Louis Napoléon und seiner Regierung war nun die gewünschte Gelegenheit geboten, von der Nothwendigkeit zu reden, die Ehre der französischen Waffen wiederherzustellen. Ein zweites, nahezu fünfzigtausend Mann starkes Armeecorps unter General Forey wurde in aller Eile über den Ocean entsandt.

Wohl wäre es möglich gewesen, noch vor dessen Ankunft auf dem Kriegsschauplatz die Reste der von Lorencez befehligten Truppen zu vernichten, sowie Orizaba und dann die ursprüngliche Vertheidigungslinie von Chiquihuite wieder zu gewinnen. Daß es nicht geschah, daran trug wiederum der Verrath die Schuld und gleichzeitig die Sorglosigkeit des Generals Gonzalez Ortega.

Am 5. Juni war er nach Puebla gekommen. Zaragoza bot ihm den Oberbefehl über die Ostarmee an. Ortega wies

das Anerbieten zurück; es gereiche ihm zu hoher Ehre, sagte er,
den Sieger vom 5. Mai als seinen Vorgesetzten anzuerkennen.
Er erhielt das Commando einer Division. Besser wäre es ge=
wesen, er hätte sich erst später beim Heere eingefunden.

Am 13. Juni stand Zaragoza mit seinen Truppen nur
eine Viertelmeile von Orizaba entfernt. Tags vorher hatte er ver=
gebens Lorencez zur Uebergabe des Platzes aufgefordert. Gon=
zalez Ortega sollte mit seiner Division durch einen Flankenmarsch
den jene Stadt überragenden Cerro von Tlachichilco, gewöhnlich
cerro del Borrego, zu deutsch Lammberg genannt, besetzen, beim
ersten Kanonenschuß, um halb zwölf Uhr Vormittags, in die
Schlacht eingreifen und dem Feinde den Rückzug abschneiden.
Die Terrainschwierigkeiten, welche zu überwinden waren, hatten
jedoch seine rechtzeitige Ankunft verhindert. Erst bei anbrechender
Nacht langte er mit seinen erschöpften Soldaten auf dem Plateau
des Berges an. Der Angriff mußte demzufolge auf den 14.
früh verschoben werden.

Inzwischen hatte General Lorencez durch einen von den
Verräthern abgesandten und bezahlten Späher, dem es gelungen
war, sich durch die mexikanischen Linien zu schleichen, Kenntniß
von der Besetzung des Cerro del Borrego erhalten. Unverzüglich
ordnete er einen Ueberfall an. Nach Mitternacht setzte sich eine
französische Colonne unter Vermeidung jedweden Geräusches in
Bewegung. Der steile Abhang wurde erklommen, ohne daß die
Vorposten Ortega's die Nähe des Feindes bemerkten. Die
meisten von ihnen hatten es an der nöthigen Wachsamkeit mangeln
lassen. Fast ein ganzes Bataillon wurde im Schlafe überrascht
und niedergemetzelt, noch ehe die Soldaten sich aufraffen und die
Waffen ergreifen konnten; die Artilleristen neben ihren Kanonen
erstochen. Eine furchtbare Unordnung trat ein. Nach einer drei=
stündigen Pause entbrannte in der Dunkelheit der Nacht von
Neuem ein wildes Handgemenge. Freund und Feind waren nicht
mehr zu unterscheiden. Umsonst bemühte sich Gonzalez Ortega

mit anerkennenswerthem persönlichen Muthe seine Truppen zu sammeln. Auch viele Officiere waren gefallen. Endlich blieb dem unglücklichen General nichts Anderes übrig, als mit seiner durch den Verlust von über 500 Mann gelichteten Division um 9 Uhr Morgens den Rückzug nach dem anderthalb Leguas entfernten Dorfe Jesus Maria anzutreten. Von dort datirte er den Bericht über seine Niederlage. In Folge davon mußte auch Zaragoza, der bei Tagesanbruch sein Geschützfeuer eröffnet hatte, sich während der Nacht vom 14. zum 15. rückwärts nach Tecamalucam concentriren, ohne indeß vom Feinde behelligt zu werden.

Die Regierung verlor über die Niederlage auf dem Lammberg nicht den Muth. „Die Regierung der Republik", sagte sie in einem Aufruf an das Volk, „welche sich weder durch Triumphe zur Ueberhebung fortreißen noch durch Unglücksfälle niederbeugen läßt, hat sofort die in diesem Falle gebotenen Befehle erlassen. In Folge derselben werden noch vor Ablauf von drei Wochen die verlorenen Streitkräfte ersetzt und unsre Truppen in der Lage sein, von Neuem die nur für kurze Zeit unterbrochene Offensive gegen die Eindringlinge zu ergreifen.

„Das mexikanische Volk hat sich bis heute würdig der Sache gezeigt, welche es vertheidigt; die Wechselfälle des Krieges werden nichts an seiner Ueberzeugung von der ihr innewohnenden Gerechtigkeit ändern.

„Voran dem Volke schreitet die Regierung mit einer unüberwindlichen Fahne, denn es ist die nationale, und mit dem festen Glauben, daß es das zukünftige Geschick Mexiko's ist, eine souveräne und unabhängige Republik zu sein."

Das sind mannhafte Worte; sie fanden ein begeistertes Echo in der Brust der Mehrzahl der Mexikaner.

Gonzalez Ortega aber verdiente, vor ein Kriegsgericht gestellt zu werden. Die von ihm in diesem Falle begangenen Fehler sind unverzeihlich. Erstens mußte er seinen Marsch beschleunigen, um unter allen Umständen zur befohlenen Stunde auf dem ihm angewiesenen Punkte einzutreffen, hätte er selbst einen Theil seiner Truppen als marode auf dem Wege liegen gelassen; . sie wären später schon nachgekommen. Zweitens war es in so großer Nähe des Feindes seine Pflicht, persönlich den Vorpostendienst. zu überwachen, ja er durfte gleichzeitig höchstens der Hälfte der Soldaten gestatten zu schlafen. Zwar kann der verübte Verrath als Milderungsgrund angeführt werden; zu entschuldigen ist jedoch ein General, der in solcher Weise sich überrumpeln läßt, nun und nimmermehr.

Anstatt vor ein Kriegsgericht gestellt zu werden, wurde dem General Gonzalez Ortega nach Zaragoza's nicht genug zu beklagendem Tode, wie ich schon weiter oben sagte, der Oberbefehl über die Ostarmee übertragen. Und wiederum trägt er die Verantwortung für das unglückliche Ende, welches, trotz aller Heldenthaten Einzelner, die Belagerung von Puebla nahm.

Daß Mexiko im Kriege gegen die fremde Invasion, speciell gegen die Franzosen, seine erste Vertheidigungslinie verlor, war, wie aus der vorhergehenden Darstellung erhellt, nicht seine Schuld, man müßte ihm denn einen Vorwurf daraus machen wollen, den Unterschriften der Bevollmächtigten einer großen europäischen Nation Glauben geschenkt zu haben. Daß aber nach dem Rückzuge Lorencez' von Puebla und nach dem fehlgeschlagenen Angriff der Mexikaner auf Orizaba die Zeit bis zum Eintreffen der Verstärkungen unter General Forey und deren Vormarsch nach dem Innern des Landes nicht vorzugsweise zur Befestigung der Linie der Cumbres von Acultzingo ausgenützt wurde, muß entschieden als ein strategischer Fehler angesehen werden.

Richtig wäre es gewesen, sämmtliche nach dem zweiten Plateau, dem von Puebla, heraufführenden Wege, vor allen die Hauptstraße über die Cumbres für Artillerie und Train, wo möglich auch für Cavallerie unpassirbar zu machen, den Feind unaufhörlich durch Flankenangriffe zu beunruhigen, ihn in wiederholten Scharmützeln zu schwächen, kurz dem Feldzuge weit mehr, als es geschah, vorzugsweise, beinahe ausschließlich den Charakter eines Guerrillakrieges zu geben. Regelrechte Schlachten und gar erst regelrechte Vertheidigungen regelrecht befestigter Plätze mußten thunlichst vermieden werden. Statt dessen wurde von dem ur= sprünglichen, leider nicht geschrieben hinterlassenen Plane Zara= goza's, der die Engpässe von Acultzingo bis zum Aeußersten zu vertheidigen beabsicht hatte, unglücklicherweise abgegangen. Gon= zalez Ortega, sein Nachfolger im Commando, hielt es für angemessener, die offene Stadt Puebla zum Mittelpunkt des Widerstandes zu machen, indem er alle Truppen und sämmtliche Kriegsmittel, die ihm zu Gebote standen, in ihr concentrirte. Fast möchte man vermuthen, daß bei der Wahl dieses Punktes die abergläubische Erwägung Ausschlag gebend gewesen sei, weil einmal dort die Franzosen eine Niederlage erlitten hatten, würden sie auch das zweite Mal nicht glücklicher sein. Der spätere Miß= erfolg unserer Waffen bewies das Unzutreffende dieser Annahme.

Am 27. Oktober 1862 erhielt ich vom Kriegsminister, General Blanco, den Befehl, von der Hauptstadt, wohin ich schon in der ersten Hälfte des Septembers von Querétaro zurück= gekehrt war, mich zur Ostarmee zu begeben. Dem in diesem Sinne von mir an den Präsidenten Juarez gerichteten Gesuch war also gewillfahrt worden. Ueberdies hatte mich auch General Gonzalez Ortega von der Regierung direkt erbeten. Anfänglich bekleidete ich den Posten eines Generalstabschef Patoni's, der damals mit seiner Brigade in Quecholac, zwischen Puebla und Acultzingo, stand. Dieser General war mir ein lieber Freund und gleich mir Mitglied einer vom früheren Minister Ignacio Ramirez, dessen ich im ersten Theile dieses Werkes mehrfach Erwähnung gethan habe, und von mir gegründeten geheimen poli= tischen Verbindung, welche sich über die ganze Republik ausdehnte und alle hervorragenden Männer der Fortschrittspartei in sich ver= einigte. Als Aufgabe hatte sie sich gestellt, die radikalen Prin=

cipien überall zur Geltung zu bringen und ihren Mitgliedern
Positionen zu verschaffen, in denen sie für dieselben erfolgreich
wirken könnten.

Vor allen Dingen war es nöthig, die meist völlig ungeschulten
Truppen der Brigade, unter denen sich auch einzelne von der
Nordgrenze gekommene sogenannte „wilde" Indianer befanden,
zu drillen und hauptsächlich im Schießen auszubilden. Gleich=
zeitig sandte ich, mit Erlaubniß des Generals en chef, militä=
rische Berichte an die in der Hauptstadt erscheinende Zeitung:
„El Siglo XIX". Deren Chefredakteur, Francisco Zarco,
schrieb mir darüber:

„Ich hielt es für überflüssig, Ihren Namen den Correspon=
denzen beizufügen. Alle Leser erkennen ohnehin an dem Style
den Verfasser. Ihre Berichte werden mit Heißhunger verschlungen.
Nur hie und da habe ich mir, den hier herrschenden Umständen
Rechnung tragend, erlaubt, den Rothstift walten zu lassen. Auch
Ihre mir übermittelten leaders, so jüngst der „La mano de
hierro" — die Hand von Eisen — „betitelte," — in welchem ich
die Regierung zur Entfaltung größerer Energie anspornte — „haben
allgemeine Aufmerksamkeit erregt und großen Beifall gefunden."

Ferner schrieb ich für das in Puebla veröffentlichte Organ
des Hauptquartiers, „El fuerte de Guadalupe" — das Fort
von Guadalupe geheißen, eine Reihe patriotischer Artikel. Selbst=
verständlich widmete ich diesen publicistischen Arbeiten nur die
wenigen dienstfreien Stunden des Tages, besonders die der Nacht.
Ich bin heute noch der Ansicht, daß in einem nationalen Kriege
die Feder ein wirksamer, leider oft nicht genug gewürdigter
Bundesgenosse des Säbels ist. Auch in anderer Weise versuchte
ich sie unsern Interessen dienstbar zu machen.

Am Eingang der Aufforderung, welche am 12. Juni General
Zaragoza an den mit seinen Truppen in Orizaba verschanzten
Grafen Lorencez geschickt hatte, um ihn — freilich umsonst
— zu einer ehrenvollen Capitulation zu veranlassen, hieß es:

„Ich habe Daten, die mich zu dem Glauben berechtigen, daß Sie und die Officiere der von Ihnen befehligten Division dem Kaiser Napoléon einen Protest gegen die Handlungsweise des Gesandten Saligny übermittelt haben, weil dieser Sie durch falsche Vorspiegelungen zu einer Expedition gegen ein Volk fortgerissen hat, das bis jetzt dem französischen Volke befreundet war.“

Es unterliegt in der That keinem Zweifel, daß viele französische Officiere und Soldaten nur widerwillig gegen uns kämpften, weil ihre politischen Ansichten mit den in Mexiko herrschenden übereinstimmten, daß viele, anstatt fortzufahren, dem angeblichen Neffen des grand empereur zu dienen, mit Freuden Bürger unserer freisinnigen Republik geworden wären. Darauf fußend, verfaßte ich, nach vorher höheren Orts eingeholter Erlaubniß, in französischer Sprache eine Proklamation an unsere Gegner, in welcher ich sie im Namen der zuerst von Frankreich verkündeten liberalen Grundsätze beschwor, zu uns überzugehen, und ihnen die freundschaftlichste Aufnahme nebst gewissen materiellen Vortheilen, z. B. Landschenkungen, zusicherte.

Dieses Schriftstück wurde in Tausenden von Exemplaren, die mit meiner Unterschrift versehen waren, gedruckt, und dieselben bei jedem Scharmützel mit dem Feinde, wie wir deren viele zu bestehen hatten, weil die Brigade Patoni die weitest vorgeschobene war, von unsern Soldaten verstreut, so daß die Franzosen Gelegenheit hatten, sie aufzulesen, was um so leichter geschehen konnte, als uns der strikte Befehl ertheilt war, ernsteren Engagements aus dem Wege zu gehen und uns auf die Defensive zu beschränken.

Häufig erzielte meine Proklamation den erwünschten Erfolg. Eine Menge französischer Soldaten, namentlich vom 99. Linienregiment, meldeten sich, ein Exemplar derselben in der Hand, bei unseren Vorposten, nicht wenige sogar mit allen ihren Waffen, und wurden dann unverzüglich internirt, um im Innern des Landes die versprochenen Belohnungen zu erhalten.

Die Entschuldigung für dieses nach dem Kriegsgebrauch nicht gut zu heißende Verfahren finde ich in dem Satze: Ein Liberaler, der zur Reaktion, ein Republikaner, der zur Monarchie übergeht, ist ein Renegat; ein Reaktionär, der sich zum Liberalismus, ein Monarchist, der sich zur Republik bekehrt, ist ein Convertit. Uebrigens wurde preußischerseits 1866 im Kriege gegen Oesterreich ähnlich gehandelt. Der ungarische General Klapka weiß etwas davon zu erzählen.

Um dienstliche Aufträge für die Brigade zu besorgen, mußte ich mich wiederholt Wochen lang im Hauptquartier aufhalten. Als dort zufällig das Commando eines Sappeurbataillons vacant wurde, wie ich schon früher einmal ein solches befehligt hatte, ging ich, unter Zustimmung meines Freundes Patoni, auf den mir vom General Gonzalez Ortega gemachten Vorschlag ein, jenes von Neuem zu übernehmen und trat damit in eine mir besonders zusagende, weil meiner Stellung als Ingenieurofficier entsprechende Wirkungssphäre, ohne deshalb auf die aktive Theilnahme an den Kämpfen zu verzichten.

Abgesehen davon, daß es an und für sich schon ein Fehler war, die Vertheidigung des Landes so weit zurück, bis nach Puebla, zu verlegen, eignete sich diese Stadt am Allerwenigsten dazu, eine Belagerung auszuhalten. Auf sie vor allen paßte der fast zum Axiom gewordene Satz: belagerter Platz, genommener Platz. Inmitten einer weiten, von einzelnen Hügeln unterbrochenen Ebene gelegen, außer von den gewissermaßen als Vorstädte zu betrachtenden, mit je einer Kirche gekrönten Hügeln Loreto und Guadalupe, auch von dem etwas ferneren und höheren Berge San Juan beherrscht, von allen Seiten leicht zu umgehen und für eine vollständige Einschließung keinerlei ernstliche Terrainhindernisse bietend, konnte sie sich nicht lange halten, um so weniger als sie, gleich der Mehrzahl der mexikanischen Städte, sehr regelmäßig angelegt, mit langen, breiten, sich rechtwinklig kreuzenden Straßen und fast gleichseitigen Häuservierteln, eine Vertheidigung im Innern mittelst Barrikaden ungemein erschwerte.

Das Ingenieurcomité schlug deshalb ganz vernünftig vor, die offene Stadt nur mit einem Kranze detachirter Forts zu umgeben, um auf diese Weise den Belagerten die Möglichkeit zu belassen, das Hauptgewicht ihrer Aktion in wiederholte Ausfälle zu verlegen. Im Ganzen wurden acht solcher Forts aufgeführt, unter denen die von Loreto und Guadalupe durch ihre dominirende Lage die am Schwersten angreifbaren waren. Mir wurde der Befehl über das Fort „Hidalgo" zuertheilt, welches das frühere Kloster der Carmeliter mit dem dazu gehörenden Garten und dem städtischen campo santo zum Mittelpunkt hatte und mit 24 Geschützen armirt war. Mein unmittelbarer Vorgesetzter war ebenfalls ein Europäer, General Ghilardi, Italiener von Geburt, Freund und Waffengefährte Garibaldi's, mit welchem er unter Anderm an der Vertheidigung Roms im Frühjahr 1849 gegen den General Oudinot de Reggio Theil genommen hatte.

Nicht unangemessen scheint es mir, bei dieser Gelegenheit auf die merkwürdige Aehnlichkeit hinzuweisen, welche zwischen dem Vorgehen besteht, das damals Louis Napoléon als Präsident der französischen Republik der römischen Schwesterrepublik gegenüber beobachtete, und dem von ihm als Kaiser gegen Mexiko ins Werk gesetzten. Am 16. April erklärte der Premierminister Odilon Barrot von der Tribüne der gesetzgebenden Körperschaft herab:

„Es ist nicht die Absicht der französischen Regierung, die französische Republik zum Umsturz der römischen Republik mitwirken zu lassen, sondern nur den Einfluß Frankreichs im Interesse der Sache der Freiheit aufrechtzuerhalten und Italien gegen die Streitkräfte Oesterreichs zu beschützen."

Beim Anlangen des französischen Expeditionscorps auf italienischem Boden, in Civita Vecchia, am 24. April wurde folgende Proklamation erlassen:

„Die Regierung der französischen Republik, stets von einem sehr freisinnigen Geiste beseelt, erklärt das Votum der Mehrheit

der römischen Bevölkerung achten zu wollen und kommt in freund=
schaftlicher Weise auf ihr Gebiet, um den ihr gebührenden Ein=
fluß zu wahren. Sie ist außerdem fest entschlossen, dieser Be=
völkerung keine Form der Regierung, die nicht von ihr selbst
gewählt sei, aufzuerlegen."

Glaubt man sich nicht, nach diesem Dokumente, in das
Jahr 1862 und nach Veracruz versetzt?

Zwei Tage darauf, am 26. April 1849, bestätigte Oudinot
diese Proklamation durch eine zweite, worin es hieß: „Bewohner der
römischen Staaten! Unser Zweck ist nicht, einen bedrückenden Einfluß
auf Euch auszuüben und Euch eine Regierung aufzuzwingen, die
Euren Wünschen nicht entspricht!" Dabei hatte er aber bereits in
seiner Tasche die geheime Ordre, unter allen Umständen, auch mit
Anwendung von Gewalt, in Rom einzudringen, die republikanische
Regierung zu stürzen und den Papst auf seinen Thron zurück=
zuführen. Nach einer unerwarteten Niederlage verletzte er zu=
nächst den abgeschlossenen Waffenstillstand, besetzte unter dem
Vorwand der Rücksicht auf die Gesundheit seiner Truppen ver=
rätherischerweise einen Rom beherrschenden Berg und gelangte am
30. Mai in den Besitz der ewigen Stadt. Mit der römischen
Republik war es zu Ende.

Auch an dem Zuge der „Tausend" nach Marsala, an der
Eroberung des Königreichs beider Sicilien sowie an der unglück=
lichen Schlacht bei Aspromonte hatte Ghilardi sich betheiligt
und war nun nach Mexiko gekommen, um der Republik seine
Dienste gegen die glühend von ihm gehaßten Franzosen anzubieten.
Mein Freund, der Chefredakteur des „Siglo XIX.", hatte ihn
mir besonders empfohlen, und durch mich war Ghilardi, ein
ältlicher, hagerer, bereits graubärtiger aber jugendmuthiger Freiheits=
kämpfer, dem General en chef vorgestellt worden. Stets be=
wunderte ich seine heißblütige, stürmische Tapferkeit. Nach dem
Falle von Puebla gelang es ihm, sich eine Zeit lang verborgen
zu halten. Später wurde er in der Stadt Aguascalientes, wo=

hin er sich begeben hatte, von den Franzosen entdeckt, vor ein
Kriegsgericht gestellt, summarisch verurtheilt und ohne weitere
Formalitäten erschossen, weniger wegen seiner Eigenschaft als
mexikanischer General denn als früherer Garibaldianer.

Vor Beginn der Belagerung herrschte ein überaus reges
nicht nur militärisches, sondern auch gesellschaftliches Treiben in
Puebla. Gonzalez Ortega, seinem heiteren Naturell folgend,
gab das Beispiel dazu. Bankette und Festlichkeiten aller Art
waren an der Tagesordnung; bei manchen fehlte auch das von
ihm sehr verehrte weibliche Element nicht, obgleich ich nicht gerade
behaupten will, daß es immer prima Qualität gewesen sei.
An den meisten seiner lebenslustigen Vertreterinnen war es viel=
mehr leicht, einen, wohl auch mehrere dunkle Flecke wie bei den
Pfirsichen in der „Camel[i]endame" von Dumas fils zu entdecken.
Gonzalez Ortega war der Ansicht, die mir bis zu einem
gewissen Grade Billigung zu verdienen scheint, daß im Kriege
der Soldat, der sich ja eigentlich fortwährend am Vorabend des
Todes befindet, ein um so größeres Anrecht besitze, das Leben zu
genießen. Er hielt es für ganz in der Ordnung, daß im Ge=
folge von Mars auch Venus anzutreffen sei. Für den schweren
Ernst der damaligen Lage Mexikos paßte freilich ein derartiges
Treiben wenig.

Seine Obliegenheiten als kommandirender General glaubte
er aus dem Grunde etwas leichter nehmen zu dürfen, ohne daß
ich ihm den Vorwurf machen will, sie direkt vernachlässigt zu
haben, weil ihm als Quartiermeister, gleichbedeutend mit General=
stabschef oder Zweiter im Commando, der alte General José
Maria Gonzalez de Mendoza zur Seite stand, ein wirklicher
Militär, der eine tüchtige Erziehung, unter Anderem in der Pariser
polytechnischen Schule, genossen und sich nicht gewöhnliche Kennt=
nisse in seinem Beruf erworben hatte, dabei als gebürtiger Po=
blaner Stadt und Umgegend genau kannte. Leider war er fast
ausschließlich Theoretiker. Alle möglichen Abhandlungen über

Kriegskunst waren von ihm durchstudiert worden. Mit Vorliebe citirte er ganze Seiten daraus, verstand es aber wenig, deren Regeln richtig anzuwenden und den jeweiligen Verhältnissen anzupassen. Dabei war er entsetzlich eitel, nahm von Niemandem einen Rath an, hielt sich selbst für ein unvergleichliches lumen und hatte auch Gonzalez Ortega diese Ueberzeugung beizubringen gewußt, so daß Letzterer mehr, als es wünschenswerth war, sich von ihm beeinflussen und leiten ließ.

So war es General Mendoza, welcher ihm den verhängnißvollen Rath ertheilte, allmälig, und zwar schon unter dem Feuer der Belagerer, die zwischen den detachirten Forts befindlichen Intervalle durch passagère Befestigungen zu schließen und damit der offenen Stadt den Charakter einer Festung, wozu sie aller Elemente entbehrte, zu verleihen. Ebenso war er es, der jeden Ausfall für fehlerhaft erklärte, hierdurch die Garnison zur reinen Defensive verdammte, ihre Kampflust abschwächte und dem Gegner Zeit ließ, ungestört nicht nur die Umschließung zu vollenden, sondern seine Linie so stark zu befestigen, daß ein Durchbruch auf erhebliche Schwierigkeiten stoßen mußte.

Und doch mußte der Versuch eines solchen zu einer mit jedem Tage gebieterischer auftretenden Nothwendigkeit werden. Ein Heer, das sich in dieser Weise einschließen läßt, ist auch durch die heldenmüthigste Tapferkeit nicht zu retten.

Gonzalez Ortega hatte, wie er es selbst später eingestand, fest darauf gerechnet, daß der Feind, anstatt den Platz formell zu belagern, ihn, ohne zeitraubendes Anlegen von Laufgräben, zu erstürmen trachten würde. In Folge dieser, sich als irrig erweisenden Voraussetzung war Puebla und seine Garnison nur für etwa dreißig Tage mit Proviant und Munition versehen worden. Außerdem hatte man verabsäumt, rechtzeitig die Civilbevölkerung zum Verlassen der Stadt zu zwingen, so daß sich zuerst bei dieser, von der etwa 40—50,000 Personen zurückgeblieben waren, bittere Noth einstellte, und später die Truppen selbst trotz wieder-

holt und bisweilen erfolgreich in den einzelnen Häusern vorge=
nommener Requisitionen an dem Nöthigsten empfindlichen Mangel
zu leiden begannen. Um so schlimmer war diese Unterlassung, als
innerhalb der sehr klerikalen Stadt, wie wir zu spät in Erfahrung
brachten, Verräther weilten, die durch combinirte, schwer controlir=
bare telegraphische Zeichen dem Feinde Mittheilungen machten.
Die Franzosen, durch die Niederlage Lorencez' gewitzigt,
hatten, im Widerspruch mit ihrer gewohnten Kriegsweise, sich
nach einigen theilweise erfolglosen Stürmen, auf das Abwarten
verlegt, nämlich auf das Abwarten, daß uns die letzten Nahrungs=
mittel ausgingen.

Dem Uebelstande hätte allerdings durch ein thatkräftiges
Eingreifen des zwischen Puebla und Mexiko mit dem Haupt=
quartier in San Martin Texmelucam postirten, vom General
Ignacio Comonfort, den Juarez, da es sich um die Ver=
theidigung des Vaterlandes handelte, wieder in Gnaden aufge=
nommen hatte, befehligten Armeecorps des Centrums abgeholfen
werden können, sei es, daß derselbe einen Durchbruch unsererseits
durch einen gleichzeitigen Angriff auf die Belagerer unterstützt,
sei es, daß er, selbst unter den größten Opfern, einen Convoy
mit Lebensmitteln uns zugeführt haben würde.

Leider scheinen zwischen ihm und Gonzalez Ortega Riva=
litäten mitgespielt zu haben. Dieser hatte von Anfang an darauf
gedrungen, daß entweder ihm oder Jenem der Oberbefehl über
unsere gesammten Streitkräfte übergeben werden möchte, indem
er mit Recht die Einheit im Commando für unerläßlich hielt,
denn eine Theilung der Verantwortlichkeit für den Ausgang der
Campagne unter zwei Generale könne leicht dahin führen, daß
ein Jeder von ihnen in erster Linie seine eigne zu retten suchen
werde. Schon in den ersten Tagen des Februar hatte er dem=
gemäß der Regierung den Vorschlag unterbreitet, die beiden Heer=
körper sollten sich als gegenseitige Hülfscorps betrachten, anstatt
unabhängig von einander zu operiren. Unbegreiflicherweise wurde

aber dieser vernünftige Vorschlag von der Regierung nicht acceptirt, und Comonfort's selbstständiges Vorgehen trug erheblich dazu bei, den Fall Puebla's herbeizuführen. Zwar wurde von ihm am 8. Mai ein Versuch gemacht, die Aufmerksamkeit des Feindes durch einen Vorstoß gegen Bazaine von uns abzulenken; der Versuch schlug indessen fehl, wie ich später noch Anlaß finden werde, es genauer zu erzählen. Wir staken freiwillig in einer Mäusefalle.

Obgleich, was bisher über die Belagerung von Puebla in Europa bekannt geworden ist, fast ausschließlich aus französischen, also parteilichen Federn stammt und vielfacher, wesentlicher Berichtigungen bedarf, so würde es mich doch zu weit führen, wollte ich den ganzen Verlauf derselben, welche volle zweiundsechszig Tage dauerte, und an der ich von Anfang bis zu Ende einen vielleicht nicht ganz unrühmlichen Antheil genommen habe, hier mit allen ihren meist furchtbaren und blutigen Episoden schildern. Ich begnüge mich daher, allein von denjenigen ausführlicher zu sprechen, bei welchen ich persönlich mitgewirkt habe.

Am 15. März, traf von Orizaba kommend, das etwa 40,000 Mann starke französische Expeditionscorps, denen sich mehrere tausend bewaffneter Verräther angeschlossen hatten, in dem Städtchen Amozoc und in den Ortschaften Las Animas und Chachapam ein. Tags darauf marschierte es in drei Colonnen, jede aus den drei Waffen zusammengesetzt, unter ausreichender Flankendeckung auf Puebla los. Am 16., dem zehnten Geburtstage des kaiserlichen Prinzen Eugen Louis Napoléon, um 9 Uhr Morgens begrüßte der Platz vom Fort Guadalupe aus den Feind mit dem ersten Kanonenschuß. Da unsererseits, außer der Entsendung einiger berittener Guerrillas, keine Schritte gethan wurden, ihn durch einen Ausfall an seinem langsamen Vorrücken zu hindern, so konnte er, außer Schußweite die Stadt umkreisend, auf die nach der Hauptstadt führende Straße gelangen, sich am 18. Mittags auf dem Cerro de San Juan festsetzen, den wir nicht in unsern Befestigungsrayon hatten einbeziehen können, und somit uns die Rückzugslinie verlegen. General Forey errichtete auf jenem Cerro sein Hauptquartier.

Wenige Tage vor dem Anmarsch des Feindes hatte ich den Befehl erhalten, die Kirche des Dorfes Santiago, welches am Fuße jenes Berges liegt, zu unterminiren, da dieselbe voraussichtlich von einem französischen Corps als Kaserne benutzt werden würde. Die Arbeit wurde mit aller nöthiger Vorsicht im Dunkel der Nacht vollendet, und die Minen durch Drähte mit einem Vorwerk des Forts Hidalgo in Verbindung gesetzt. Die männliche Bevölkerung des Dorfes war vorher gezwungen worden, dasselbe zu verlassen, so daß ich hoffte, unsere geheimnißvolle Arbeit sei unbemerkt geblieben. Dem war aber nicht so. Irgend ein Verräther mußte sie beobachtet und dem Gegner Anzeige davon gemacht haben. Die Mine versagte, als sie im geeigneten Augenblick zum Springen gebracht werden sollte, ihren Dienst; die Drähte waren durchschnitten worden. Tausende von Feinden entgingen auf diese Weise einer sonst sicheren Vernichtung.

Als Officier mußte ich diesen Fehlschlag beklagen; vom rein menschlichen Standpunkte durfte ich es nicht. Ist aber der Krieg nicht an und für sich etwas Unmenschliches? Und doch war der von Mexiko geführte ein heiliger, denn es galt die Freiheit und die republikanischen Institutionen zu vertheidigen gegen das frevelhaft unternommene Attentat, das Land gewaltsam zu Gunsten eines fremden Herrschers zu monarchisiren.

Bei Tagesanbruch des 20. März begann aus zwei Mörser-Batterieen das Bombardement. Bis auf den Hauptplatz der Stadt flogen die Geschosse, ohne indeß erheblichen Schaden zu verursachen. Nur unter den Todten im campo santo des Klosters Cármen richteten sie eine große Verheerung an. In Mexiko wie in Spanien ist es Brauch, die Leichen in sogenannte Nischen zu begraben, die, je eine der Größe des Sarges entsprechend, in vier bis fünf übereinander liegenden Reihen in den tiefen steinernen

Mauern, welche die Friedhöfe umgeben, angebracht sind. Dasselbe war im campo santo des Cármen der Fall. Als nun dieser von den feindlichen Batterien beschossen wurde, schlugen manche Granaten in die Gräberwände ein und crepirten daselbst, die Särge zersplitternd und die Leichname in grauenhafter Weise zerreißend. Um dem Ausbruch contagiöser Krankheiten vorzubeugen, mußten diese von meinen Soldaten, die sich mit Chlor getränkte Tücher vor Mund und Nase gebunden hatten, in aller Eile ein= gescharrt werden.

Ein reizendes, achtzehnjähriges Mädchen, mit dem ich mich kaum acht Tage vorher im fröhlichen Tanze gedreht hatte, war plötzlich, ohne daß ich Kenntniß davon erhalten, gestorben, und seine Leiche nach dem Cármen überführt worden. Ein franzö= sisches Geschoß öffnete die Ruhestätte, die seine letzte hatte sein sollen, und legte den noch wenig verwesten, in ein langes weißes Gewand gehüllten Körper blos. Das Gesicht mit einem durch= sichtigen Schleier bedeckt, einen Kranz verwelkter Blumen auf den dunkeln Locken, die Hände über der Brust gefaltet, so lag das Mädchen vor mir. Während rings um mich die Kugeln niedersausten, und die eigenen Kanonen denen der Franzosen donnernde Antwort gaben, murmelte ich unwillkürlich die Worte vor mich hin: „So sehe ich Dich wieder!"

Ich erinnere mich nicht, jemals einen so peinlichen Augen= blick gehabt zu haben. Das Eigenschaftswort „todt" schien hier wirklich eine Steigerung in den Comparativ zu erleiden.

Nicht alle meine Officiere hatten früher schon im Feuer gestanden. Ich durfte mich deshalb nicht wundern, daß mein Adjutant, ein junger Mann aus vornehmer Familie, im Kugel= regen nicht die nöthige Kaltblütigkeit bewahrte. Um ihn von seiner Angst zu curiren, ließ ich ihn eines Tages neben mich auf eine Bastion steigen, um ihm eine Ordre zu ertheilen. Kaum hatten die in Schützengräben versteckten französischen Chasseurs uns wahrgenommen, so richteten sie ihre Schüsse gegen uns.

Rechts und links schwirrten pfeifend die Chassepotkugeln um unsere Köpfe, zum Glück, ohne uns zu treffen. Mein armer Adjutant zitterte wie Espenlaub. Was würde er nicht darum gegeben haben, wenn ich ihm erlaubt hätte, sich aus der exponirten Stellung zurückzuziehen! Ich hielt ihn aber fest an einem Knopfe seiner Uniform und fuhr fort, gleichmäßig den Tagesbefehl zu diktiren, den er mit Bleistift in sein Taschenbuch einschreiben mußte. Da schlug neben uns eine Granate in den Boden und überschüttete uns platzend mit der aufgewühlten Erde.

„Hätten Sie mit Tinte geschrieben," sagte ich lachend zu meinem Adjutanten, mit einer Reminiscenz an Napoléon I. aus der Belagerung von Toulon, „so würde der Feind Ihnen die Mühe erspart haben, Streusand auf die Schrift zu schütten! Sie sehen, die Sache ist nicht immer so gefährlich."

Auch er stimmte mit bleichen Lippen in mein Lachen ein. Die Cur hatte angeschlagen. Ich fand keine Veranlassung mehr, ihm wegen Mangels an Muth Vorwürfe zu machen. Freilich wurde der Arme schon wenige Tage darauf erschossen. Es geschah bei der Vertheidigung des Forts Iturbide, wo er an meiner Seite fiel.

Die Franzosen hatten dieses am westlichen Ausgange der Stadt, nahe der garita von Mexiko, jenseits der Alameda, gegenüber dem Cerro de San Juan gelegene Fort für ihren ersten ernstlichen Angriff ausersehen. Demselben diente als Mittelpunkt das feste Gebäude des Gefängnisses — penitenciaria — von San Javier, dessen Höfe und Gallerien eine zweite Vertheidigungslinie bildeten, und war mit 30 Geschützen armirt. 2000 Mann war die Besatzung stark. Am 22. März hatten die Franzosen ihre erste Parallele fertig gestellt. Viele Tausende von Indianern, die sie aus den benachbarten Ortschaften zusammengetrieben, waren gezwungen worden, daran zu arbeiten. Am nämlichen Tage eröffneten mehrere Batterien mit gezogenen Geschützen außer den beiden schon erwähnten Mörser-Batterien

ein convergirendes Feuer auf das Fort. Ein Theil unserer
Kanonen wurde demontirt und eine breite Bresche gelegt, die je=
doch schnell wieder ausgefüllt wurde. . Mit kurzen Unterbrechun=
gen dauerte der Kampf die nächsten Tage und Nächte hindurch
fort. Am 24. erhielt ich Ordre, mit meinen zapadores nach
San Javier zu eilen. Das Fort war beinahe schon zusammen=
geschossen, ein Drittel der Geschütze unbrauchbar geworden. Hun=
derte von Todten und Verwundeten bedeckten den Boden —
Tod und Vernichtung rings umher! Meine Aufgabe war, die
Befestigungen wieder auszubessern und innerhalb der Alameda
neue aufzuwerfen. Am 25. März war vom Feinde die dritte
Parallele nebst den Approchen vollendet. Der erste Sturm, welchen
die Zuaven um 8 Uhr Abends unternahmen, wurde, unter großen
Verlusten auf beiden Seiten, abgeschlagen, ebenso der gegen drei Uhr
Morgens versuchte zweite. Ein längerer Widerstand war jedoch un=
möglich geworden. Die noch tauglichen Geschütze wurden auf Be=
fehl des Generals en chef zurückgezogen; das Gleiche geschah
mit den Munitionsvorräthen. Am Nachmittage des 29. begann
der dritte Sturm, nachdem das Artilleriefeuer nicht einen Augen=
blick die ganze Zeit über geschwiegen hatte. Es kam zum wildesten
Handgemenge, an dem auch ich mit meinem Bataillon theilnahm.
Fortwährend kämpfend mußten wir uns auf die rückwärts ge=
legenen manzanas — Häuserviertel — zurückziehen. Vorher
hatten wir in dem verlassenen Fort Minen gelegt. Sie explodirten,
als die ersten Zuaven eindrangen, und begruben sie unter den
zusammenstürzenden Trümmern. Fort und penitenciaria stellten
eine große wüste Ruine dar.

Das war ein theuer erkaufter Sieg für die Franzosen. Wir
hatten im Ganzen über 700 Mann, darunter etwa 100 Gefangene,
verloren; der Feind aber eine weit größere Anzahl, und trotz
aller seiner Bemühungen gelang es ihm nicht, weiter vorzudringen,
da wir jedes einzelne Häuserviereck in eine neue schwer einnehm=
bare Festung umgewandelt hatten. Nur sechs manzanas im

Ganzen mußten wir ihm später nach verzweifelten, zum Theil unter der Erde geführten Kämpfen überlassen.

Am 31. begaben sich die Vize=Consuln der Vereinigten Staaten und Preußens — Letzterer war ein mir seit Jahren bekannter Herr Berkenbusch — mit Erlaubniß des Generals Gonzalez Ortega unter Vorantragung der Parlamentärflagge ins französische Hauptquartier, um von Forey die unsererseits bereits zugestandene Erlaubniß zu erwirken, daß die Frauen, Kinder, Greise und Kranken die Stadt verlassen dürften. Der franzö= sische General erwiderte, daß er gerade von deren Verbleib in Puebla einen moralischen Druck auf die Garnison erwarte, durch welchen diese leichter zur Uebergabe des Platzes bewogen werden möge, und schlug die Bitte rundweg ab.

Seine Berechnung wurde zwar getäuscht. Trotzdem konnten wir uns nicht verhehlen, daß, so lange an dem unsinnigen Plane einer vorwiegend passiven Defensive fest gehalten werde, der end= liche Ausgang ein unglücklicher sein müsse. Wiederholt bemühten sich einzelne Generale auf Gonzalez Ortega einzuwirken, um ihn zu bestimmen, einen Durchbruch der feindlichen Umschließungs= linie zu wagen. Sie hielten es für vortheilhafter, die Stadt Puebla aufzugeben und einen Theil der Besatzung zu opfern, wenn nur der Rest unserer Truppen für die weitere Vertheidigung des Landes erhalten bliebe. Gonzalez Ortega war der ent= gegengesetzten Ansicht. Er stützte sich dabei auf den wohl zu eng ausgelegten Befehl der Regierung, die ihm keine andere Instruction ertheilt habe als die in den zwei Worten zusammengefaßte, „Ver= theidige Puebla!" Er hatte allein vor Augen, die Ehre der mexikanischen Waffen zu retten, und das könne nur geschehen, wenn er bis zum letzten Stücke Brots, bis zur letzten Patrone aushielte.

Es wurde also weiter gekämpft.

Glücklicher und ebenso ruhmvoll wie die Vertheidigung des Forts Iturbide gestaltete sich die des Klosters Santa Inés, das durch eine Reihe von mir ausgeführter passagérer Werke mit dem Carmén — Fort Hidalgo — verbunden worden war.

In der Nacht vom 24. zum 25. April flogen nacheinander zwei vor demselben liegende Häusergruppen, welche die Franzosen unterminirt hatten, in die Luft. Ein Theil des darin postirten Bataillons, mehr denn 60 Soldaten, fand dabei den Tod. Unmittelbar darauf begann die Beschießung des Klosters. Die Umfriedigungsmauer sank bald in Trümmer; das erste Zuavenregiment besetzte den Klostergarten. Da alle Mauern des Gebäudes mit Schießscharten versehen und auf der flachen azotea Feldgeschütze aufgestellt waren, so richteten unsere Kugeln ein furchtbares Blutbad unter den Angreifern an. Um 10 Uhr Vormittags traf ich mit meinem Corps in Santa Inés ein. Aus den plötzlich geöffneten Thoren des Klosters stürzten wir vorwärts in den Garten und vertrieben mit dem Bayonett die Zuaven aus demselben. Dann aber langsam zurückweichend, ließen wir diese hinter uns her in die Kreuzgänge und inneren Höfe eindringen. In diesem Augenblick befahl ich mit bereit gehaltenen, aus den Fenstern, aus dem obern Stockwerk, dessen Fußboden zum Theil ausgehoben war, und vom Dache herabgeworfenen Sandsäcken alle Ein- und Ausgänge zu verstopfen, und nun begann eine wahre Metzelei unter den Feinden, denen jeder Rückzug abgeschnitten war. Auf ihre Häupter regnen Handgranaten herab; aus jedem Corridor, aus jeder Thür blitzen ihnen Gewehrläufe entgegen. Verzweifelnd suchen sie sich zu wehren. Mit Löwenmuth vertheidigen sie sich. Umsonst! Zu Hunderten werden sie im Haupthofe niedergestreckt. Haufenweise thürmen die Leichen sich auf. Der Rest, wenn ich nicht irre, 130 Mann und 7 Officiere, mußte sich ergeben.

Ich müßte meine Feder in Blut tauchen, wollte ich wahrheitsgetreu diese grauenhafte Szene schildern.

Mittlerweile sank die Nacht herab und machte dem grausamen, aber unvermeidlichen Kampfe ein Ende. Außerhalb des

Klosters, in dem von Schützengräben durchquerten Garten lagen nicht allein viele todte, sondern noch mehr verwundete Franzosen. Wimmernd streckten diese ihre Hände zu uns empor. Mit brechender Stimme flehten sie: „de l'eau! de l'eau!", um ihren brennenden Durst zu löschen. Ich konnte es nicht über mich ge= winnen, sie hilflos verkommen zu lassen. Schnell sammelte ich um mich einige Soldaten, hieß jeden eine Laterne nehmen und stieg in den Garten, der der Schauplatz eines erbitterten Hand= gemenges gewesen war, hinab. Schon hatten wir mehrere Ver= wundete in das Gebäude zurückgebracht, unter ihnen einen Hauptmann des ersten Zuavenregiments, Namens L'Alouette, dem eine Kugel den rechten Arm zerschmettert hatte: da begannen die Franzosen, welche immer noch die gegenüberliegende manzana besetzt hielten, auf uns zu schießen, obgleich sie doch sahen, daß es sich um ein Werk der Menschenliebe handelte, welches ihren eigenen Kameraden zu gut kam. Schweren Herzens mußte ich meine Samariterarbeit einstellen, waren doch Einige meiner eignen Leute, sogar zwei meiner Officiere dabei verwundet worden, und die Uebrigen ihrem Schicksal überlassen.

Die von uns Geretteten wurden sofort auf Tragbahren in das Lazareth geschafft, wo unsere Aerzte ihnen die sorgsamste Pflege angedeihen ließen. Dem Hauptmann L'Alouette mußte der Arm amputirt werden. Ich besuchte ihn bisweilen und konnte ihm manchen kleinen Dienst leisten. Als er einigermaßen wieder hergestellt war, wurden er und die übrigen Gefangenen ausgewechselt. Beim Abschied überreichte er mir seine Karte, auf welche er mit der linken Hand einige Zeilen geschrieben hatte, worin er alle seine Kameraden beschwor, falls ich selbst in Gefangenschaft gerathen sollte, mir die ihm bewiesene Freund= lichkeit zu vergelten. Er hatte leider richtig vorausgesehen, was später eintrat. Die Karte, welche ich noch heute besitze, weshalb ich mich so genau seines Namens erinnere, ist mir in der That von Nutzen gewesen. Häufig wurde mir, wo ich Gelegenheit

4*

fand, sie vorzuzeigen, eine rücksichtsvollere Behandlung seitens des
Feindes zu Theil.

. Die von uns gemachten Gefangenen wurden viel besser be=
handelt, als dies mit den unsern geschah, welche beim Sturme
auf San Javier in die Hände der Franzosen gefallen waren.
Diese mußten an den Verschanzungen arbeiten und erhielten nur
ungenügende Verköstigung, obgleich es draußen an Lebensmitteln
wahrhaftig nicht fehlte; bezüglich der ersteren hatte General Gon=
zalez Ortega den unter den obwaltenden Umständen besonders
anzuerkennenden humanen Befehl gegeben, ihre traurige Lage thun=
lichst zu erleichtern und es ihnen an nichts fehlen zu lassen.
In den Briefen, welche sie an ihre Kameraden im Belagerungs=
corps sowie an ihre Familien in Frankreich schrieben, gaben sie
ihrer Dankbarkeit in lebhaften Worten Ausdruck und gleichzeitig
dem Wunsche, der freilich nicht in Erfüllung gehen sollte, daß
der unselige Krieg bald ein Ende nehmen und die Freundschaft,
welche früher zwischen den beiden Nationen bestanden, wiederher=
gestellt werden möge. Am 4. Mai schloß unser General en chef
durch Vermittelung eines seiner Adjutanten mit Forey ein Ueber=
einkommen ab, welches die Bestimmungen enthielt, denen gemäß
die Auswechslung der Gefangenen zu bewerkstelligen sei. Diese
erfolgte Tags darauf um 12 Uhr Mittags. Da die Anzahl der
in unserer Gewalt befindlichen Franzosen um 26 Mann größer
war als die der Mexikaner in Händen des Feindes, so brauchten
eigentlich diese 26 Zuaven nicht ausgeliefert zu werden. Nichts=
destoweniger wurden auch sie zurückgesandt. Der französische
Heerführer konnte nicht umhin, dem General Gonzalez Ortega
brieflich seinen tiefgefühlten Dank für diesen Akt der Ritterlichkeit
auszusprechen.

Trotz mehrfacher Befehle, bei den Lebensmitteln und der
Munition die möglichste Sparsamkeit walten zu lassen, erschöpften
sich diese mehr und mehr. Wir mußten uns die größten Ent=
behrungen auferlegen. Schon seit vielen Tagen waren die Rationen

auf die Hälfte herabgesetzt worden. Die letzten Maulthiere waren
geschlachtet. Wir nährten uns jetzt hauptsächlich von Bohnen.
Brod war ein seltener Leckerbissen geworden Schlimmer noch
als die Garnison war die Civilbevölkerung daran. Unter den
ärmeren Familien wüthete der Hunger. An Munition war ein
so großer Mangel eingetreten, daß unser Feuer immer langsamer
wurde und nur sporadisch sich vernehmen ließ. Zum Glück hatte
der Feind seit dem abgeschlagenen Sturme auf Santa Jnés, das
inzwischen stärker denn vorher von mir befestigt worden war,
keinen neuen gewagt. Er hatte die Ueberzeugung gewonnen, daß
der Platz nicht zu erstürmen sei. Wie ergrimmt Forey über
unsern hartnäckigen Widerstand war, geht aus der Mittheilung
hervor, welche er in einer von ihm nachgesuchten Conferenz einem
Adjutanten des Generals Gonzalez Ortega machte, um sie
diesem zu übermitteln. Er sagte ihm:

„Die Vertheidigung Pueblas ist eine ungewöhnliche, bis zu
einem gewissen Punkt barbarische und von der modernen Civili=
sation verdammte, denn die Gebäude und Häuser der Stadt sinken
nutzlos nach und nach in Asche und Ruinen. Sie scheint keinen
andern Zweck mehr zu haben, als dem General en chef und
der Garnison einen Namen zu machen. Einen solchen haben sie
sich bereits errungen. Die Verwüstungen, welche der Krieg in
der Stadt verursacht, sind demnach überflüssig. In Europa ist
es nach der heutzutage bei den Belagerungen geltenden Praxis,
Brauch, daß, sobald die äußere Linie eines Platzes durchbrochen
ist, die Vertheidiger desselben mit den Belagerern in Unterhand=
lungen treten, um eine ehrenvolle Capitulation zu vereinbaren.
Eine solche will ich dem General Ortega und der Garnison,
welche vollauf ihre Pflicht gethan hat, gern zugestehen. Sagen
Sie ihm, daß es nothwendig ist, dieser entsetzlichen Lage ein
Ende zu machen, und daß dies zum großen Theile von ihm ab=
hängt. Er soll sich zum Präsidenten der Republik erklären, und
die Sache ist beendet; oder er gebe seine Zustimmung, daß neue

Wahlen für den Posten der obersten Behörde der Nation vor=
genommen werden, und die Sache ist gleichfalls beendet. Sollten,
um eines oder das andere dieser Projekte durchzuführen, Schwierig=
keiten auftauchen, so würde das französische Heer ihn unterstützen.
Nimmt er diese Vorschläge nicht an, so möge er mir andere
machen, gleich ehrenvoll für Frankreich und für Mexiko, denn ich
glaube nicht, daß General Ortega mir Etwas vorschlage, was
einer oder der anderen der beiden Nationen unwürdig sei. Zum
Wenigsten möge er sich bereit erklären, eine Conferenz mit mir
zu haben, die an dem von ihm selbst zu bestimmenden Orte statt=
finden soll. Unter allen Umständen werde ich den Platz einnehmen,
mag ich auch noch so lange vor seinen Mauern stehen, denn
Frankreich ist beständig in seinen Unternehmungen, und ich bin
das treue Echo seiner Gefühle. Ueberdies habe ich von Familien,
denen es gelungen ist, sich aus der Stadt zu flüchten, erfahren,
daß den Vertheidigern die Lebensmittel ausgegangen sind, obgleich
sie auch schon über alle, die sich im Privatbesitz befanden, verfügt
haben."

Auf diese eigenthümlichen Vorschläge, die eine Aufforderung
zum Treubruch enthielten, erwiderte Gonzalez Ortega, daß er
sie zurückweisen müsse, weil sie eine Intervention Frankreichs in
die innere Politik Mexikos involvirten und ihn die Rolle eines
Usurpators spielen lassen wollten. Eine Conferenz mit Forey
erachte er als zwecklos, auch habe er von der legitimen Regierung
keine Vollmacht erhalten, über politische Angelegenheiten zu ver=
handeln.

Von dieser Auffassung ging Ortega auch dann nicht ab,
als ihm von Forey der Sieg mitgetheilt wurde, welchen Ba=
zaine am 8. Mai bei San Lorenzo über General Comonfort
erfochten hatte. Letzterer hatte es unverantwortlicherweise unter=
lassen, uns von seinem beabsichtigten Angriff in Kenntniß zu
setzen. Das Schriftstück schloß mit folgenden Worten:

„Ich theile Ihnen diese Waffenthat nur aus dem Grunde

mit, weil ich die Hoffnung hege, daß sie dazu beitragen wird, den Blinden, welche sich weigern, an die ehrlichen Absichten Frankreichs zu glauben, die Augen zu öffnen." — Sonderbare Methode, durch Kanonen= und Flintenkugeln uns zum Sehen verhelfen zu wollen! — „Frankreich will nichts weiter als die verständigen Männer in Mexiko unterstützen, auf daß sie in diesem unglücklichen, durch den Bürgerkrieg zu Grunde gerichteten und verheerten Lande die Ordnung, gepaart mit der Freiheit wiederherstellen. Gebe der Himmel, daß meine Hoffnungen für die Zukunft Mexikos nicht getäuscht werden mögen!"

Noch entschiedener als in der früheren betonte Ortega in seiner Antwort auf diese Zuschrift den festen Entschluß, keine fremde Einmischung in die inneren Angelegenheiten der Republik zu dulden. Alles für diesen Zweck vergossene und noch zu ver= gießende Blut würde erfolglos bleiben. Diese Erklärung ist um so würdiger, als ihm unbekannt war, daß Forey wissentlich oder unwissentlich ihn getäuscht hatte, denn wie ich in meinen Artikel über Santa=Anna und an andern Stellen dieser Aufzeichnungen nachgewiesen habe, war die Candidatur des Erzherzogs Maxi= milian's längst schon ein fait accompli.

Am 11. und 12. Mai hatte ich heftige Angriffe auf das Kloster Cärmen abzuschlagen. Zwischen diesem und dem von General Patoni befehligten Fort, genannt das „der Ingenieure", versuchte am hellen Tage eine Schaar von Frauen und Kindern, weiße Fahnen schwenkend, die Stadt in südlicher Richtung zu verlassen, um dem drohenden Hungertode zu entgehen. Sobald aber der Feind sie von seinen Verschanzungen aus erblickte, er= öffnete er ein lebhaftes Feuer gegen die Unglücklichen und zwang sie zur Rückkehr. Mancher Säugling wurde dabei in den Armen der eigenen Mutter verwundet.

Am 13. Mai machte Patoni auf eigene Faust mit 1000 Mann in zwei Colonnen einen Ausfall, um die Franzosen aus der zweiten Parallele zu vertreiben. Zwar gelang ihm dies nach blutigem Kampfe, der Sieg war jedoch ein nutzloser. Neue Streitkräfte rückten heran, und unsere Truppen mußten sich vor der Uebermacht langsam zurückziehen. 600 Mann von den 1000 lagen todt oder verwundet außerhalb der Gräben des Forts. Einige Stunden später war dieses selbst, das schon durch die früheren Beschießungen stark gelitten hatte, durch die feindlichen Geschütze beinahe vollständig zerstört. Genommen wurde es trotz= dem nicht, wenn auch unsere Artillerie aus Mangel an Schieß= bedarf fast ganz und gar ihr Feuer hatte einstellen müssen. Bis zum letzten Augenblicke wehte stolz auf dem Trümmerhaufen die mexikanische Fahne.

In der Nacht vom 14. auf den 15. war eine Feldwache, die außerhalb der Werke des Forts Hidalgo eine Mühle besetzt hielt, von Feinden überrascht und aufgehoben worden. Um 2 Uhr Morgens erhielt ich Befehl, jene Position, von der aus man uns empfindlichen Schaden zufügen konnte, unbedingt wieder zu nehmen. Noch vor Tagesanbruch vermochte ich zu melden, daß die Mühle sich abermals in unserem Besitz befinde. Allerdings war dieser Erfolg mit großen Opfern erkauft worden.

Der letzte Akt des blutigen Dramas nahte heran.

General Ortega berief einen aus 8 Generalen zusammen= gesetzten Kriegsrath, um Angesichts der verzweifelten Lage des Platzes Beschlüsse zu fassen. In ausführlicher Rede setzte er die Gründe auseinander, welche eine längere Vertheidigung unmöglich machten. Auf die Vorschläge, die er an Comonfort gesandt, unseren Durchbruch mit dem von ihm befehligten Heer des Centrums zu unterstützen, sei keine Antwort eingelaufen. Die Regierung habe ihm aber den strikten Befehl ertheilt, nur in diesem Falle, d. h. unter Mitwirkung Comonforts, den Versuch zu wagen. Nach eingehenden Diskussionen wurde vom Kriegsrath dem General en chef die Autorisation ertheilt, mit Forey in Unterhandlung zu treten, zu dem Zwecke, einen Waffenstillstand zu erlangen, eventuell die Erlaubniß für die Garnison, mit den Waffen und allen Kriegsehren den Platz zu verlassen, um ungehindert den Marsch nach der Hauptstadt anzutreten.

General Mendoza, der Quartiermeister der Ostarmee, wurde mit den Unterhandlungen betraut. Am 16. Mai ritt er in das französische Hauptquartier hinüber. Am Abend desselben Tages war er zurückgekehrt. Wie vorauszusehen, wurden die unsererseits gemachten Propositionen von Forey nicht acceptirt. Kriegsehren wolle er uns zugestehen, dagegen solle Ortega sich verpflichten, solange der Krieg zwischen Frankreich und Benito Juarez fortdauere, strikte Neutralität zu beobachten.

Auf diese Bedingung war natürlich nicht einzugehen. So erließ denn Gonzalez Ortega, nachdem er nochmals die Meinung seiner Generale gehört, am 17. Mai 1863 folgenden Tagesbefehl:

„Da die Garnison dieses Platzes nicht im Stande ist, die Vertheidigung fortzusetzen, einestheils wegen absoluten Mangels an Lebensmitteln, anderntheils weil der Bestand an Munition, den sie besitzt, bis zu dem Grade erschöpft ist, daß sie die Angriffe, welche der Feind, nach den von ihm eingenommenen Positionen zu urtheilen, und weil er die Lage, in der der Platz sich befindet, kennt, wahrscheinlich in den Morgenstunden dieses Tages unternehmen wird, nicht mehr aushalten kann; so beschließt der General en chef, nachdem er das Gutachten vieler zu diesem Heere gehöriger Generale eingeholt, deren Meinung durchaus mit dem Inhalt dieses Tagesbefehls übereinstimmt, daß, um die Ehre und die Würde des Ost=Armeecorps und die der Waffen der Republik zu wahren, zwischen 4 und 5 Uhr früh alle Bewaffnungsgegenstände, deren sich die Divisionen während der heldenmüthigen Vertheidigung dieses Platzes bedient haben, zerstört werden, ein Opfer, welches das Vaterland von seinen guten Söhnen fordert, damit jene Bewaffnungsgegenstände in keinem Falle von dem Invasionsheere verwendet werden. Zur nämlichen Stunde wird der General=Commandant der Artillerie die Ver=

fügung treffen, daß auch sämmtliche Geschütze, mit welchen dieser
Platz armirt ist, vernichtet werden.

„Zur angegebenen Stunde, also zwischen 4 und 5 Uhr früh,
werden die Herren Generale, welche Divisionen commandiren,
und deren Eifer und Patriotismus die Ausführung dieses Befehls
anempfohlen wird, ebenso diejenigen, welche Brigaden commandiren,
das ganze Heer auflösen, indem sie den Soldaten, die mit so
viel Muth und Entsagung und unter so vielen Beschwerden die
Stadt vertheidigt haben, kundgeben, daß diese Maßregel, welche
ergriffen wird, weil die Gesetze des Krieges und der Nothwendigkeit
es also bestimmen, keineswegs ausschließt, daß sie fortfahren ihre
Dienste dem Boden, auf dem sie geboren wurden, zu weihen,
und daß aus diesem Grunde der General en chef hofft, daß
sie sobald als möglich sich der Regierung vorstellen werden,
damit sie ihrerseits fortfahren die Ehre der mexikanischen Fahne
zu vertheidigen, zu welchem Zwecke man sie in absoluter Freiheit
läßt und sie nicht den Händen des Feindes ausliefert.

„Die Herren Generale, Stabs= und Subaltern=Officiere,
sowie die Mannschaft, aus welcher dieses Heer zusammengesetzt ist,
müssen stolz sein auf ihre Vertheidigung dieses Platzes. Wenn
er aufgegeben wird, so geschieht dies nicht durch die Macht der
französischen Waffen, sondern in Folge des Mangels an Pro=
viant und Munition, wie die Thatsache beweist, daß bis zu
dieser Stunde derselbe sich vollständig mit allen seinen Forts,
ausgenommen das von San Javier und einige wenige Häuser=
viertel am Rande der Stadt, im Besitz der Ost=Armee befindet.

„Um halb 6 Uhr früh wird „Parlamentär“ geblasen und
auf jedem der Forts und in jedem der Häuserviertel sowie in
jeder der Straßen, welche den vom Feinde besetzten Häuservierteln
und Straßen gegenüberliegen, eine weiße Fahne aufgehißt werden.

„Zur selben Stunde werden sich die Herren Generale, Stabs=
und Subaltern=Officiere dieses Heeres im Vorhofe der Kathedrale
und im Regierungspalast einfinden, um sich gefangen zu geben,

mit der Bemerkung, daß bezüglich dieſes Punktes der General
en chef keine Garantien irgend welcher Art für die Gefangenen
erbitten wird, ſo daß aus dieſem Grunde die erwähnten Herren
Generale, Stabs= und Subaltern=Officiere volle Freiheit haben
zu wählen, was ſie für ihre eigene militäriſche Ehre und für
die von ihnen der Nation gegenüber eingegangenen Verpflichtungen
am Angemeſſenſten halten. Die im Zahlamte vorhandenen
Summen ſind proportionell unter die Mannſchaft zu vertheilen.‟

Soviel mir bekannt, iſt dieſer Tagesbefehl — ein novum
in der Kriegsgeſchichte — noch niemals vollſtändig in Europa
veröffentlicht worden, und deshalb habe ich ihn wortgetreu aus
dem Spaniſchen überſetzt, ohne an dem mir nicht überall zu=
ſagenden Style eine Aenderung vorzunehmen.

Gleichfalls am 17. Mai in der Frühe richtete Gonzalez
Ortega folgendes Schreiben an Forey:

„Herr General. Da es mir nicht möglich iſt, dieſen Platz
wegen Mangels an Lebensmitteln und Munition länger zu ver=
theidigen, ſo habe ich das Heer, welches unter meinen Befehlen
ſtand, aufgelöſt und ſeine Waffen, einſchließlich der geſammten
Artillerie, zerbrochen.

„Der Platz ſteht demnach zur Verfügung von Euerer Excellenz.
Sie können ihn beſetzen laſſen und dabei, wenn Sie es für
paſſend erachten, die von der Klugheit gebotenen Maßregeln
treffen, um die Uebelſtände zu vermeiden, welche eine gewaltſame
Einnahme, für die keine Veranlaſſung mehr vorliegt, im Gefolge
haben würde.

„Die Generale, Stabs= und Subaltern=Officiere, aus denen
dieſes Heer zuſammengeſetzt iſt, befinden ſich im Regierungs=
palaſt; die betreffenden Perſonen ergeben ſich als Kriegsgefangene.
Ich kann, Herr General, mich nicht länger vertheidigen. Könnte
ich es, ſo darf Euere Excellenz nicht zweifeln, daß ich es thun
würde.‟

Auf die von Ortega an die Regierung in Mexiko über=

sandte Nachricht von der Katastrophe erfolgte seitens des Kriegs=
ministers eine Antwort, worin es unter Anderem heißt:

„Der Präsident hat mit tiefem Interesse alle und jeden
einzelnen der Vorgänge verfolgt, welche während der ruhmvollen
Vertheidigung jenes Platzes stattfanden und sieht mit Stolz, daß
der letzte, welcher dem hartnäckigem und kräftigen Ringen ein Ende
gemacht hat, den bisherigem entspricht, wenn nicht in seinem
siegreichen Resultate, so doch, weil er die Würde der Nation aufrecht
erhält, ohne im Geringsten den Glanz ihrer nicht besiegten Waffen
zu verdunkeln, noch durch irgend ein Anerbieten das geheiligte Wort
ihrer Krieger zu compromittiren.

„Der Bürger Präsident ist demnach mit Ihrer Handlungs=
weise, sowie mit der der Generale, Stabs= und Subaltern=Officiere
und der Mannschaft, welche die unsterbliche Ostarmee bildeten,
zufrieden und befiehlt mir, Ihnen dies kundzugeben, wie ich die
Ehre habe es hiermit zu thun, indem ich hinzufüge, daß die Art
und Weise, wie dieses verdienstvolle Heer verschwunden ist, die
Bestätigung liefert, daß es sich der Glückwünsche würdig gemacht
hat, die der souveräne Congreß und die Regierung demselben
im Namen der Nation, welche sie vertritt, haben zugehen lassen.‟

Ich vermag mich dieser Billigung des von Gonzalez
Ortega eingeschlagenen Verfahrens nicht anzuschließen. Mehr=
fach habe ich die Gründe auseinandergesetzt, weshalb ich sowohl
die Wahl Pueblas als Vertheidigungscentrum, wie die rein de=
fensive Haltung des Platzes für verfehlt ansah. De aquellos
polvos vienen estos lodos — sagt treffend ein spanisches
Sprichwort -- von jenem Staub kommt dieser Schmutz. Ein=
mal der Plan gefaßt, sich vom überlegenen Feinde einschließen
zu lassen, war die letzte unabweisliche Consequenz vorauszusehen,
nämlich eine mehr oder minder ehrenvolle Capitulation, denn der
von Ortega gewählte außergewöhnliche Ausweg, einer solchen
thatsächlich zu entgehen, unterscheidet sich nur unwesentlich von
einer wirklichen Uebergabe. Von Anfang bis zu Ende hatte ich

und hatten mit mir viele tüchtige Officiere die Meinung, daß
ein Durchbruch versucht werden müsse. Die Chancen des
Gelingens waren weit größer, als Ortega und Mendoza
glaubten. Beweis: der von mir mit nur wenigen Truppen
am 17. Mai früh Morgens unternommene Ausfall, denn weder
ich noch meine Officiere und Soldaten hatten uns dem oben
angeführten Tagesbefehle unterwerfen wollen. Allerdings mißlang
derselbe, wie ich in einem andern Abschnitt dieses Buches erzählen
werde, aber allein in Folge von mir nicht vorherzusehender Um=
stände und wegen der zu geringen Zahl meiner Soldaten.

Während der Belagerung hatte ich wenig Gelegenheit, mit
Gonzalez Ortega zu verkehren; ich konnte mich nur auf
Augenblicke von dem Posten entfernen, dessen Vertheidigung mir
anvertraut war. Außerdem hatte er erfahren, daß ich mit der
Mehrzahl seiner Maßregeln durchaus nicht einverstanden war,
und da ich wußte, daß er weder das Aussprechen einer der seinen
entgegengesetzten Ansicht, noch viel weniger eine ernste Kritik
vertragen konnte, so zog ich es vor, möglichst wenig mit ihm
zusammenzutreffen. Tag und Nacht erfüllte ich nach bestem
Bewußtsein meine wahrlich nicht leichte Pflicht, und das ge=
nügte mir.

Am 18. Mai übersandte Forey den kriegsgefangenen
Officieren folgende Erklärung, damit sie dieselbe unterschrieben:

„Wir, die unterzeichneten kriegsgefangenen mexikanischen
Officiere, verpflichten uns auf Ehrenwort, nicht die Grenzen des
Aufenthaltsorts, der uns angewiesen werden wird, zu verlassen,
uns weder schriftlich noch thätlich die ganze Zeit über, daß wir
in Kriegsgefangenschaft verbleiben, in die kriegerischen oder po=
litischen Ereignisse einzumischen und nicht ohne vorherige Kenntniß
der französischen Behörden mit unseren Familien und Freunden
zu correspondiren.“

Einstimmig weigerten sich Alle, unter dieses Schriftstück ihre
Namen zu setzen. Sie hatten deshalb volles Recht, jede sich

ihnen darbietende Gelegenheit zur Flucht zu benutzen. Vielen
gelang es, die Wachsamkeit der Franzosen zu täuschen und zu
entweichen. Auch Gonzalez Ortega entfloh auf dem Marsche,
den man uns nach Veracruz hatte antreten lassen, um daselbst
nach Frankreich eingeschifft zu werden, unter einer Verkleidung
und nachdem er sich den Schnurrbart hatte abrasiren lassen,
aus Orizaba. Im weiteren Verlaufe des Krieges hat er keine
Rolle mehr gespielt. Er war militärisch ein todter Mann.
Nicht glücklicher war er auf politischem Felde. Sein in der
Verfassung begründeter Anspruch, am 1. Dezember 1865 die
Präsidentschaft zu übernehmen, wurde bekanntlich von Juarez,
angeblich aus Utilitätsgründen, zurückgewiesen, und er verließ
das Land, um sich nach New York zu begeben. Dort sah ich
ihn wieder.

Später als die Franzosen sich zurückgezogen hatten, und das
Kaiserreich zusammengebrochen war, kehrte er heim nach seiner
Vaterstadt Zacatecas. Bald aber wurde er von einer schweren
Nervenkrankheit erfaßt. Seine geistigen Fähigkeiten schwanden
mehr und mehr, und er starb in fast vollständiger Vergessenheit,
ohne daß sein Tod größeres Aufsehen erregte.

Schade um ihn! Das Schicksal hatte ihn, nachdem es
ihn wiederholt begünstigt, auf einen Posten berufen, den würdig
auszufüllen weder seine Begabung noch seine Kenntnisse aus-
reichten. In einer weniger hervorragenden, weniger schwierigen
und weniger verantwortlichen Stellung würde er der Republik
erfprießliche Dienste geleistet haben. Seine glühende Vaterlandsliebe, seine ebenso glühende Begeisterung für Freiheit und Fortschritt, sein persönlicher Muth, seine Liebenswürdigkeit und sein
ritterlicher Charakter hätten ein besseres Loos verdient als solch'
ein beinahe unbeachtetes Verschwinden von der Schaubühne des
Lebens.

Louis Forey

und

François Achille Bazaine.

Selten, vielleicht niemals habe ich eine Nacht in größerer Aufregung zugebracht als die vom 16. auf den 17. Mai des Jahres 1863.

Die Fortsetzung der Vertheidigung von Puebla war eine Unmöglichkeit geworden. Das erkannten nicht nur der General en chef der mexikanischen Ostarmee, Jesus Gonzalez Ortega sowie die ihm unterstellten Generale, kein einziger Officier, ich kann wohl sagen, kein einziger Soldat vermochte sich dieser Ueberzeugung länger zu verschließen; Letztere sogar noch weniger als die hierarchisch höher gestellten Personen, denn sie empfanden natürlich direkter und empfindlicher den von Tage zu Tage zunehmenden Mangel an Lebensmitteln und Schießbedarf.

Es ist auch nicht zu verwundern, daß trotz aller Geheimhaltung die Kunde von den Vorgängen, welche sich im Hauptquartier abspielten, selbst die von den Stimmungen, die dort herrschten, in tiefere Kreise durchsickerte. Ich vor Allen, der ich mit mehreren Generalen, wie z. B. Patoni, auf freundschaftlichstem Fuße stand, überdies selbst eine nicht unbedeutende Stellung im Heere einnahm, befand mich in der Regel ziemlich au fait von dem, was in dem früher von Labastida bewohnten bischöflichen Palast, welchen Ortega zu seiner Residenz erkoren hatte, beschlossen und geplant, leider auch von dem, was nicht beschlossen und nicht geplant wurde. Es war mir deshalb nicht unbekannt geblieben, daß der commandirende General für die späten Nachtstunden des 16. einen Kriegsrath zu-

sammenberufen hatte, von dessen Entscheidung das Schicksal der
Garnison abhängen sollte. Ebenso konnte ich, namentlich nach
den mir von meinem unmittelbaren Vorgesetzten, dem ursprüng=
lich italienischen General Ghilardi, gemachten Mittheilungen
nicht zweifeln, daß die jeden Durchbruch perhorrescirende Mei=
nung Ortega's und seines Quartiermeisters — Generalstabs=
chefs — Mendoza über die entgegengesetzte mehrerer Generale
den Sieg davoutragen, also die Stimmenmehrheit gewinnen
würde. Allerdings war Ortega auch jeder formellen Capi=
tulation abgeneigt; er wollte vielmehr, wie ich schon an einer
anderen Stelle dieses Buches erzählt habe, die Kanonen un=
brauchbar machen, die Waffen zerbrechen lassen, den ganzen
Mannschaftsstand der Armee auflösen und sich mit sämmtlichen
Officieren, sozusagen freiwillig und ohne irgendwelche Garantien
zu erbitten, also auf Gnade und Ungnade, als Kriegsgefangene
der Franzosen constituiren. Ich gestehe aber, daß diese Aussicht
wenig Verlockendes für mich hatte, und traf im vorhinein Maß=
regeln, um auf eigene Faust zu handeln.

Meiner Ansicht nach mußte unter allen Umständen der
Versuch gewagt werden, mit den verfügbaren Truppen die Um=
schließungslinie des Feindes zu durchbrechen. Ich verhehlte mir
keineswegs, daß der Ausführung dieses Planes schwer zu über=
windende Hindernisse im Wege standen. Geschütze hätten wir
nur wenige mit uns fortführen können, die Mehrzahl derselben
mußte am Platze zurückgelassen und vorher vernagelt werden.
Die Armee Forey's war, die Hilfscorps der Verräther mit
eingerechnet, etwa viermal so stark wie die unsere. Erhebliche
Verluste wären unvermeidlich gewesen. Trotz alledem und alle=
dem wäre es sicher einem großen Theil der Garnison gelungen,
sich mit dem vom General Comonfort befehligten Corps zu
vereinigen, und ungeachtet der von diesem verfolgten fehlerhaften
Methode, sich einer energischen Unterstützung der von uns in's
Werk gesetzten Operationen zu enthalten, war es doch kaum

denkbar, daß in einem solchen Falle, zumal wenn er rechtzeitig
von unserm Vorhaben in Kenntniß gesetzt werden würde, er zum
Gelingen desselben nicht durch einen gleichzeitigen Angriff auf das
Belagerungscorps hätte beitragen wollen.

General Ortega hat später in seinem amtlichen Bericht
über die Vertheidigung von Puebla erklärt, er habe Comon=
fort, mit dem er theils durch Boten, welche sich durch die
feindlichen Linien zu schleichen vermochten, theils mittelst vorher
vereinbarter telegraphischer Zeichen in Verbindung stand, schon
am 29. April aufgefordert, bei einem von ihm am 2. Mai zu
unternehmenden Durchbruch mit seinen Truppen mitzuwirken,
dieser jedoch ihm erwidert, daß Angesichts der von der Regie=
rung erhaltenen Instruktionen und in Erwartung des ihm in
seinem Hauptquartier in San Martin Texmelucam zugesagten
Besuchs des Präsidenten Benito Juarez, er es für klüger
hielte, die Sache zu verschieben. Dann kam die der Armee des
Centrums am 8. Mai bei San Lorenzo durch Bazaine bei=
gebrachte Niederlage, bei welcher die Mexikaner an Todten, Ver=
wundeten und Gefangenen an zweitausend Mann sowie acht
Kanonen, vierhundert Maulthiere und zwanzig Munitionswagen
verloren. Ein zweiter Brief wurde von Ortega, wie er sagt,
wenige Tage später, nämlich am 10. an Comonfort gerichtet,
um diesem anzuzeigen, daß er am 14. Mai den Platz zu ver=
lassen gedenke; ein Duplikat des Schreibens ging am 11. ab.
Die erwartete Antwort traf indeß verspätet ein, da der ursprüng=
liche Brief in die Hände des Feindes gefallen war, überdies
lautete sie ablehnend; die Moral der Truppen der Armee des
Centrums sei durch das Mißgeschick, welches sie bei San Lo=
renzo ereilt, noch zu erschüttert, um sich von einem neuen Vorstoß
Erfolg zu versprechen.

Ich bin nicht in der Lage zu untersuchen, ob dieser Brief=
wechsel sich ganz in der angegebenen Weise vollzogen hat: ich
glaube vielmehr, daß in dem Schreiben Ortega's die geringe

5*

Luft zu einer so verzweifelten Maßregel zwischen den Zeilen wird zu lesen gewesen sein. Sei dem aber, wie ihm wolle, und muß auch Comonfort mit vollem Recht ein großer Theil der Schuld für die Vernichtung der Ostarmee zugewälzt werden: zu rechtfertigen ist Ortega's vorwiegend passive Vertheidigungs= methode, die zur halben Capitulation führte, keinenfalls. Wieder= holt hat er bewiesen, daß in seinem militärischen Lehrbuch der Satz: „die beste Deckung ist der Hieb" fehlte, oder daß er ihn nicht zu befolgen verstand. So erfolgte denn der verhängnißvolle Tagesbefehl, der um 1 Uhr früh am 17. Mai ausgegeben wurde, und den ich in dem vorhergehenden Abschnitt reproduzirt habe.

Interessant ist folgende Episode, welche sich im Kriegsrathe, der jenem Tagesbefehl voraufging, ereignete. Einer der an= wesenden Generale, Negrete, gab seine Meinung dahin ab, wir sollten das Anerbieten Forey's annehmen, welches dahin ging, uns mit kriegerischen Ehren und allen Waffen aus Puebla abziehen zu lassen, unter der Verpflichtung, während des ferneren Verlaufs des Krieges zwischen Frankreich und Juarez volle Neutralität zu bewahren; später aber bei erster passender Ge= legenheit diese eingegangene Verpflichtung brechen und von Neuem gegen den Feind in's Feld rücken; es wäre dies lediglich eine berechtigte Revanche für die von den Franzosen verübte skandalöse Verletzung der Stipulationen von La Soledad; nur ein ehren= hafter Feind dürfe beanspruchen, daß man ein ihm gegebenes Wort halte. Kaum aber hatte Negrete die Begründung seines Vorschlags beendet, so brach seitens aller übrigen Generale ein Sturm des Unwillens gegen ihn los, und Ortega gab die würdige Erklärung ab, der von dem Gegner begangene Wort= bruch könne und dürfe niemals uns zur Entschuldigung dienen, in gleicher Weise zu handeln. Das Verfahren der Franzosen falle dem Urtheil der Geschichte anheim; der Name Mexikos aber müsse rein bleiben; weder die Regierung noch das Volk würden eine derartige Revanche billigen.

Negrete erklärte darauf, daß er sich nicht stellen werde. Seine Bitte, ihm wenigstens zu gestatten, einen Theil der Waffen seiner Division zu verstecken, um dieselben später noch= mals gegen den Feind zu verwenden, wurde ihm von Ortega unklugerweise abgeschlagen.

„Nicht ein einziges Gewehr", sagte dieser, „will ich retten, sondern allein die Ehre Mexikos, gleichviel mit wie großen Opfern."

Etwa um 4 Uhr Morgens erhielt ich die Ordre, die Waffen zu zerbrechen und mein Corps aufzulösen, damit die Soldaten, nach Ablegung der Uniformstücke und nur mit ihren Unterkleidern angethan, sich als angebliche Civilisten in der Stadt zerstreuten. Wie erwähnt, hatte ich sie vorhergesehen und war entschlossen, ihr nicht zu gehorchen. Ghilardi billigte meinen Entschluß; er weigerte sich indeß, sich an dem von mir beabsichtigten Ausfall zu betheiligen, und zog es vor, sich in einem Privathause in Puebla zu verstecken.

„Ich kenne die Franzosen", sagte er, mir die Hand zum Abschied reichend; „falle ich in ihre Hände, so bin ich sicher, daß sie an mir, weil ich in den Reihen der Garibaldianer gegen sie gefochten habe, Rache nehmen werden."

In der That ereilte diese ihn später in Aguascalientes.

So versammelte ich denn zunächst meine Officiere um mich, las ihnen den Befehl des Generals en chef vor, erklärte, daß ich persönlich nicht gesonnen sei, demselben nachzukommen und setzte ihnen auseinander, daß ich es für ehrenwerther hielte, von unseren Waffen gegen den Feind Gebrauch zu machen, nöthigen= falls mit ihnen in der Hand zu sterben, als sie freiwillig zu vernichten. Dazu habe sie die Nation uns nicht gegeben. Weiters entwickelte ich meinen Plan, in geschlossener Colonne am Fuße des Hügels von Loreto, also in nördlicher Richtung auszubrechen, um die Schluchten des Berges La Malinche zu gewinnen und wenn möglich die Vorposten der Armee des Cen= trums zu erreichen.

„Ohne Kampf und harte Verluste", schloß ich, „wird es freilich nicht abgehen; ich hoffe aber mit der Hälfte meiner Leute durchzudringen, und so werden wenigstens diese sich auch ferner= hin noch an der Vertheidigung des Vaterlands gegen die fremden Eindringlinge betheiligen können."

Gleichzeitig theilte ich meinem Officiercorps mit, daß ich mit mehreren unserer berittenen Eclaireurs, welche die Umgegend von Puebla sowie die Stellungen des Feindes genau kannten, in Verbindung getreten sei, und diese, gleich uns unwillig, den Kampf aufzugeben, sich mir zur Verfügung gestellt hätten, um uns auf dem kürzesten und sichersten Wege aus der Stadt hinaus= und durch die Linien des Gegners hindurchzugeleiten.

Was ich vermuthet hatte, trat ein.

Alle meine Officiere schworen, mir bis in den Tod zu folgen. Das Gleiche thaten meine Soldaten, als sie durch ihre unmittelbaren Vorgesetzten Kunde von meinem Vorsatz erhielten. In aller Eile machten wir uns marschfertig. Das wenige in der Bataillonskasse vorhandene Geld wurde vertheilt, ebenso die Patronen, und um 6 Uhr früh verließ ich, an der Spitze von etwa sechshundert Mann, das Kloster Cärmen, welches uns so lange Wochen hindurch als Quartier gedient hatte.

Mein Entschluß, einen Durchbruch zu versuchen, war mittler= weile auch bei anderen Corps bekannt geworden. Viele Officiere und Soldaten schlossen sich mir an. Auch sie hatten es nicht über sich zu bringen vermocht, die Waffen, deren sie sich so heldenmüthig bedient, in Stücke zu schlagen. Während wir ab= zogen, krachten von allen unseren Schanzen die letzten Kanonen= schüsse, die wenigen noch übrigen Munitionsmagazine, welche im Kloster San Augustin untergebracht waren, flogen in die Luft. In dichten Schaaren durcheilten uniformlose Soldaten, nachdem sie aus ihren Gewehren Scheiterhaufen errichtet und diese ange= zündet hatten, die Straßen der Stadt.

Einige französische Soldaten, welche von den benachbarten,

durch sie besetzten manzanas aus Augenzeugen dieses in der
Kriegsgeschichte unerhörten Schauspiels waren, benachrichtigten
davon ihre Officiere. Einer von ihnen erwiderte, — und seine
Worte wurden von mehreren der Unseren deutlich gehört:
„Die französische Armee weiß die Tapferkeit zu schätzen.
Eine Garnison, welche sich wie die von Puebla benommen hat,
verdient nur unsere Hochachtung und unsere Bewunderung. Lassen
wir die Vertheidiger des Platzes Alles thun, was sie für die
Ehre ihrer Waffen am Passendsten halten."

Nicht einen Augenblick war ich mir darüber im Unklaren,
daß meine Handlungsweise vom rein militärischen Standpunkt
zu verdammen war. Ich machte mich eines offenbaren Unge=
horsams schuldig. Es giebt aber Augenblicke, wo mir ein solcher
geboten erscheint. Ueberdies hatte Ortega in seinem Tagesbefehl
vom 17. Mai ausdrücklich gesagt, er belasse den Officieren die
volle Freiheit zu handeln, wie sie es für ihre eigene Ehre und
ihre Pflichten der Nation gegenüber am Angemessensten er=
achteten. Freilich hatte ich kein Recht, bewaffnete Soldaten mit
mir fortzuführen. Wäre aber mein Plan gelungen, und hätte
ich der Republik auch nur einige hundert waffenfähige Männer
erhalten, ich zweifle nicht, daß mir die größten Lobeserhebungen
zu Theil geworden wären.

Unglücklicherweise scheiterte das Unternehmen an einem nicht
vorherzusehenden Zufall.

Ich befand mich mit meiner Truppe bereits etwa eine
halbe Legua außerhalb der Stadt, ohne auf Widerstand gestoßen
zu sein. Die Lagerplätze des Feindes lagen weiter links nach
der nach Mexiko führenden Chaussee. Das Gros des Belage=
rungscorps war auf der Südseite des Platzes auf und neben
der von Teotemihuacan kommenden Straße concentrirt, gegen=
über dem zerstörten Fort Iturbide und dem noch ziemlich in=
takten Fort Hidalgo im Cármen. Einzelne Vorposten zogen sich,
nachdem sie Schüsse mit uns gewechselt hatten, zurück. So

waren wir am Fuße einer in unserer Front sich lang hinziehen=
den Anhöhe angelangt. Die Eclaireurs versicherten, jenseits der=
selben gäbe es keine größeren feindlichen Detachements mehr.
Wir waren im Begriff, den flachen Abhang des Hügels empor=
zusteigen, als plötzlich auf dessen Kamme zahlreiche Cavallerie
erschien. Aus den Fähnlein ihrer Lanzen wie aus den breit=
randigen Filzhüten erkannten wir, daß es Mexikaner, also Ver=
räther waren. Es blieb mir nichts Anderes übrig, als in Eile
ein Quarré zu formiren, um den zu erwartenden Choc abzu=
schlagen. Später erfuhr ich, was meine Eclaireurs nicht hatten
wissen können, daß Marquez, den Forey mit einem Reiter=
corps zu einer weiteren Expedition ausgeschickt hatte, früher als
man vermuthete, und zu meinem Unglück gerade in jenem Augen=
blicke zurückgekehrt war. Anzugreifen wagte er uns übrigens
nicht; der Weg war uns aber verlegt, und so gewann der Feind
Zeit, auch Infanteriemassen gegen uns heranzuziehen. Von
mehreren Seiten rückten sie an, mein kleines Häuflein in immer
engerem Kreise umschließend.

Ich machte meine Leute auf die nahende, unvermeidliche
Gefahr aufmerksam; ich beschwor sie, ihr Leben so theuer
als möglich zu erkaufen und morir matando, tödtend zu
sterben.

„Viva la República!" schallte es mir aus dem festge=
schlossenen Quarré entgegen.

Am Nächsten war von Westen her das zweite Zuavenregi=
ment herangekommen. Eben wollte ich den Befehl zum Feuern
geben, als ich bemerkte, daß der Feind, l'arme au bras, Halt
machte und daß weiße Tücher auf den Spitzen seiner Bajonette
wehten. In demselben Moment sprengte ein Adjutant, ebenfalls
mit einem weißen Tuche winkend, auf uns heran. Ich ritt aus
dem Quarré hervor, ihm entgegen.

„Mein Oberst", rief er mir zu, „ersucht Sie vor Eröffnung
des Kampfes um eine kurze Unterredung!"

Bevor ich noch Zeit hatte, ihm zu antworten, hielt der Zuavenoberst an meiner Seite.

„Vermeiden wir unnützes Blutvergießen, Camerad", sagte er zu mir. „Unsere Truppen fangen bereits an, in Puebla ein=
zurücken. Bei der geringen Mannschaft, über welche Sie ver=
fügen, ist Ihnen jede Möglichkeit abgeschnitten, durchzubrechen. Sie müssen Alle bis auf den letzten Mann fallen, wenn Sie sich nicht ergeben. Die Cavallerie von Marquez würde auch die Flucht Einzelner verhindern. Es ist keine Schande, der Uebermacht zu weichen. Sie haben mehr gethan, als Ihre Pflicht war. Nur einem glücklichen Umstand verdanken wir, daß Ihr kühnes Unternehmen fehlgeschlagen ist. Wäre Mar=
quez nicht rechtzeitig eingetroffen, so würde Ihr Durchbruch ge=
lungen sein."

Es war eine entsetzliche Zwangslage, in der ich mich be=
fand. Hatte ich das Recht, in der That nutzlos meine Leute zu opfern? Wäre damit dem Vaterlande gedient gewesen? Ueber mein eigenes Leben durfte ich verfügen; aber auch über das mehrerer Hunderte junger kräftiger Männer, die nur auf meine Aufforderung mir gefolgt waren?

Nach kurzem inneren Kampfe stammelte ich mit erstickter Stimme:

„Je me rends!"

Der französische Oberst drückte mir die Hand.

„Geben Sie, bitte, Camerad, den Befehl, daß Ihr Corps sich in Marsch setze."

Das Quarré löste sich auf. Langsamen Schritts, gebeugten Hauptes marschirten wir vor dem zweiten Zuavenregiment her, bis wir zu dessen Lagerplatz gelangten. In langer Reihe nahmen wir vor demselben, Gewehr bei Fuß, Aufstellung.

„Ich kann Ihnen den Schmerz nicht ersparen", fuhr der Oberst zu mir gewendet fort, „Sie zu ersuchen, daß Sie Ihren Leuten befehlen mögen, ihre Waffen abzuliefern."

„Nehmen Sie sie!" lautete meine Antwort; „aber verlangen
Sie von mir nicht, was über meine Kräfte geht."

„Ich begreife Sie vollkommen; doch man hat mir gesagt,
daß schon seit vielen Tagen die tapfere Garnison von Puebla
fast aller Nahrungsmittel entbehrte. Ich schlage Ihnen deshalb
ein Tauschgeschäft vor; je ein Brod gegen ein Gewehr."

Er winkte seinen Adjutanten zu sich heran und flüsterte ihm
einige Worte in's Ohr. Schnell entfernte sich dieser. Nach
wenigen Minuten zogen die Zuaven sich in ihre Zelte und
Hütten zurück; sofort aber erschienen sie wieder. Jeder war statt
des Chassepot mit einem Laib Brod bewaffnet. So näherten
sie sich zutraulich meinen Soldaten.

Zum Theil durch Zeichen, zum Theil von den wenigen
spanischen Worten Gebrauch machend, welche sie während ihres
Aufenthalts in Mexiko gelernt hatten: „aqui pan, amigo" —
hier ist Brod, mein Freund — drängten sie ihnen auf, was sie
trugen, und entwanden ihnen wie im Spaße die Gewehre.
Dann wurden die auf diese Weise Entwaffneten abgeführt und
eingeladen, die Mahlzeit der Zuaven zu theilen. In bunten
Reihen nahmen Freund und Feind friedfertig neben einander
Platz. Meine Leute ließen sich die langentbehrte kräftige französische Soldatenkost, die statt mit pulque mit Wein und Cognac
angefeuchtet wurde, trefflich munden.

Mich und meine Officiere bewirthete das Officiercorps des
zweiten Zuavenregiments mit einem opulenten Frühstück, während
dessen kein Wort, nicht einmal eine Anspielung verrieth, daß wir
in Gefangenschaft gerathen waren. Nach dem Kaffee forderte
mich der Oberst auf, in das Hauptquartier Forey's hinüber-
zureiten.

„Nur um Ihnen den Weg zu zeigen", sagte er mit cheva-
leresker Höflichkeit, „gebe ich Ihnen einen Hauptmann mit."

Als wir auf dem Cerro de San Juan anlangten, war der
Höchstcommandirende abwesend; er hatte sich persönlich nach

Puebla begeben, um das Nöthige für die formelle Besitzergreifung des Platzes anzuordnen. Nur sein Generalstabschef, Graf de la Tour d'Auvergne, ein Nachkomme, glaube ich, des berühmten „ersten Grenadiers von Frankreich" aus der Zeit des ersten Napoléon, konnte mich empfangen, nachdem ich ihm angemeldet worden war.

Ich fand ihn auf einem Feldbett liegend, noch leidend an der Wunde, die ihm ein Granatsplitter beigebracht hatte. Er machte auf mich den Eindruck eines vollkommenen Gentleman, mittelgroß und hager, mit schmalem Gesichte, grauem Schnurr- und Knebelbart und klugen Augen. Seine Art, sich auszudrücken, war durchaus vornehm.

„Entschuldigen Sie, Oberst", sagte er mir, als ich das Zimmer betrat, „wenn ich mich nicht erhebe, um Sie zu begrüßen. Ihre Leute sind Schuld daran, daß ich es nicht vermag."

Und nun begann eine zwanglose Unterhaltung, in welcher wir unsere Ansichten über den Angriff und die Vertheidigung von Puebla austauschten, wobei ich besonders hervorhob, daß man die Stadt keineswegs als einen festen Platz ersten, kaum zweiten oder dritten Ranges ansehen dürfe. Wir brauchten uns also keine Vorwürfe zu machen, daß sie nach einer Belagerung von zweiundsechzig Tagen endlich unterlegen sei.

Bezüglich des Schicksals meiner Officiere und Soldaten beruhigte La Tour d'Auvergne mich in liebenswürdiger Weise.

„Und haben Sie für Ihre Person mir keinerlei Wünsche auszudrücken?" fuhr er fort.

„Lieb wäre es mir, die Einrichtung Ihres Lagers wie Ihre ganze verschanzte Angriffslinie aus eigenem Augenschein kennen zu lernen", erwiderte ich.

„Ich werde sofort den Befehl geben, daß man Sie ungehindert überall passiren lasse. Implicite haben Sie mir Ihr Ehrenwort gegeben, keinen Fluchtversuch zu machen", sagte er mit verbindlichem Lächeln hinzu. „Ihre Waffen bleiben deshalb in Ihrem Besitz."

Dankend verneigte ich mich, um das Gemach zu verlassen.

Da trat General Forey ein. Ich sah ihn damals zum ersten, zu meiner Genugthuung auch zum letzten Male. Er war ein Mann von 59 Jahren, sah aber älter aus, eine große, ungeschlachte Gestalt, mit einem gewöhnlichen, verwitterten Gesicht und plebejischen Manieren. Die Mexikaner bezeichneten ihn später mit dem Beiwort „el sargenton", was ungefähr „der grobe Sergeant" bedeutet. In der That mußte man annehmen, daß er von der Pike auf gedient, es aber nicht verstanden hätte, seine von Haus aus rohen Formen abzuschleifen, sondern daß er seinen unterofficierlichen Kasernen- und Kantinengewohnheiten treu geblieben wäre. Dem war jedoch nicht so. Forey hatte seine militärische Erziehung in der Schule von Saint-Cyr erhalten. Somit lag das rüde Wesen, durch das er sich unvortheilhaft auszeichnete, in seiner Naturanlage begründet.

„Wer ist der Herr?" wandte er sich fragend an La Tour d'Auvergne, ohne meinen militärischen Gruß zu erwidern und ohne das Képi abzunehmen.

Der Generalstabschef gab ihm kurz die nöthigen Aufklärungen.

„Man lasse vier Armee-Gensdarmen kommen und führe den Gefangenen ab. Vorher hat er seine Waffen auszuliefern. Er bleibt eingeschlossen, bis er mit dem Transport der übrigen Gefangenen nach Veracruz dirigirt werden kann."

„Aber mein General", unterbrach La Tour d'Auvergne die mit kurzem, polterndem Tone ertheilte Ordre seines unmittelbaren Vorgesetzten, „ich selbst habe soeben dem Oberst Gagern versprochen, daß er Gefangener auf Ehrenwort sei und seine Waffen behalten dürfe."

„Wer hat hier zu befehlen", schnauzte Forey ihn an, „Sie oder ich? Es bleibt bei dem, was ich bestimmt habe."

Mit einer höflichen Verbeugung gegen La Tour d'Au= vergne und ohne den General Forey zu grüßen, schritt ich zur Thüre, vor welcher mich die bereits herbeicordeten vier be= rittenen Armee=Gensdarmen in Empfang nahmen.

General Ortega ist in seinem Rapport besonders schlecht zu sprechen auf La Tour d'Auvergne, während er Forey in günstigerem Lichte darzustellen sucht. So sagt er, indem er die Unterredung mittheilt, welche in seinem Namen General Mendoza mit den beiden französischen Heerführern geführt hatte, unter Anderm Folgendes:

„Nachdem Forey seine Rede beendet" — er hatte die Neutralität unseres Ostcorps während des weiteren Feldzuges gefordert — „äußerte sein Generalstabschef: General Ortega kann darauf rechnen, daß, wenn er eine Capitulation beantragt, den Vertheidigern des Platzes alle Ehren und alle Garantien, die sie verdienen, werden zugestanden werden. Im entgegen= gesetzten Falle muß er ebenso sicher darauf rechnen, daß die Ge= fangenen, welche wir im Platze machen, nachdem derselbe in unsere Gewalt gelangt ist, und wenn dessen Vertheidiger, wie Sie es soeben angedeutet haben, ihre Waffen zerbrechen sollten, ohne jedwede Garantie verbleiben und demzufolge nach der Insel Martinique deportirt werden werden.

„Nachdem Forey diese Aeußerungen vernommen, erklärte er heftig und energisch in einem dieselben mißbilligenden Tone: Nach der Insel Martinique deportire ich Räuber und Banditen, nicht aber tapfere Officiere, wie diejenigen sind, aus denen die Garnison besteht, welche Puebla vertheidigt."

Nach dem, was ich an mir selbst seitens Forey's und La Tour d'Auvergne's erfahren habe, klingt mir die letztere Be= merkung wahrscheinlicher im Munde Dieses, die erstere wahr= scheinlicher im Munde Jenes, als umgekehrt. Auch die von Forey angeordnete Art und Weise, wie man uns Gefangene von Puebla nach Veracruz brachte, und die Behandlung, die

uns, gleichfalls auf seinen Befehl, während der Ueberfahrt nach
Frankreich an Bord von zwei Kriegs = Transport = Dampfern zu
Theil wurde, lassen keinen Zweifel darüber, daß er mit voller
Absicht uns herabwürdigen wollte. Er war erbittert, daß eine
offene, in Eile und nur passagèr befestigte, ungenügend ver=
proviantirte und von einer verhältnißmäßig geringen, zum
größeren Theile aus Nationalgarden bestehenden Besatzung ver=
theidigte Stadt den besten Truppen Frankreichs über zwei Mo=
nate lang Stand gehalten und trotz einer regelrechten Belage=
rung, trotz wiederholter Stürme von ihnen nicht hatte genommen
werden können. Darum ließ er seine Wuth gegen die wehrlosen
Gefangenen aus.

Von seiner militärischen Vergangenheit ist mir nicht viel
bekannt. Wie die meisten französischen Officiere jener Epoche
verbrachte er seine Laufbahn, so lange er noch eine subalterne
Stellung einnahm, in Algerien. Sein späteres rapides Avance=
ment verdankte er Louis Napoléon. Für gewisse Zwecke be=
durfte dieser gewisser Personen. Mit ehrenwerthen Officieren
hätte er z. B. den Staatsstreich vom 2. Dezember 1851 nicht
machen können, dazu brauchte er einen Persigny, einen Saint =
Arnaud, einen Magnan, einen — Forey! Seine Willfährig=
keit trug diesem das Commandeurkreuz der Ehrenlegion und das
Patent eines Brigadegenerals ein. Schon ein Jahr darauf war
er Divisionsgeneral. Während des Krimkrieges soll er sich
wenig rühmlich benommen haben. Man erzählt, beim Sturme
auf den Malakoff sei er plötzlich unsichtbar geworden. Besser
scheint er sich im italienischen Feldzuge bewährt zu haben. Jeden=
falls hielt Napoléon III. ihn für ein gefügiges Werkzeug zur
Ausführung etwas bedenklicher Ordres.

Auch die mexikanische Expedition war trotz aller Verhimme=
lungen des Vice = Kaisers Rouher, trotz aller Beschönigungen
durch erkaufte Federn kein reinliches Geschäft. Dafür waren
Forey und Bazaine die richtigen Instrumente, nicht beeinflußt

durch Rücksichten auf Ehre, Völkerrecht und Kriegsgebrauch und
stets bereit, auch für Handlungen unverantwortlichster Art, sogar
für empörende Grausamkeiten sich mit der bequemen Entschuldi=
gung zu decken, man habe es nur mit einer uncivilisirten Nation
zu thun, obgleich diese den angeblich hochcivilisirten Franzosen
wiederholt Lektionen der Ehrenhaftigkeit und Menschlichkeit gab.

Daß dieses Prinzip in Frankreich auch heutzutage noch nicht
aufgegeben ist, beweisen die Vorgänge in Tunis, Tonking und
Madagascar.

Nachdem Forey Anfangs September 1862 in Veracruz
angelangt war, begab er sich unverzüglich nach der durch Ver=
rath in den Besitz der Franzosen gefallenen Stadt Orizaba, um
den unglücklichen Grafen Lorencez, den man schon vorher für
halb verrückt erklärt hatte, seines Commandos zu entheben.
Seine erste, unmittelbar nach dem Ausschiffen vollzogene Amts=
handlung war eine für Mexiko günstige. Der lächerliche und
verrätherische „gefe supremo de la nacion" eigener Fabrikation,
General Almonte, wurde nämlich durch ein am 4. Sep=
tember erlassenes Dekret Forey's in sein verdientes Nichts zu=
rückgeschleudert. Dasselbe lautete:

„Der General en chef, bekleidet mit aller militärischen
und politischen Gewalt, thut dem mexikanischen Volke und be=
sonders den Einwohnern von Veracruz kund und zu wissen, daß,
gemäß der uns ertheilten Instruktion, die vom General Al=
monte ohne Unterstützung der Nation errichtete Regierung in
keiner Weise die Billigung der französischen Intervention ge=
nießt, und daß der General Almonte

1. das von ihm gebildete Ministerium aufzulösen,

2. sich der Erlassung irgend welcher Gesetze und Dekrete
zu enthalten und

3. die Bezeichnung, welche er unbefugterweise als „oberster
Chef der Nation" angenommen hat, aufzugeben hat, sich vielmehr
hinfüro auf das Peremtorischste auf die Ausführung der vom

Kaiser gegebenen Vorschriften beschränken soll, um, so weit als
möglich, zusammen mit den übrigen mexikanischen Generalen,
welche Schutz unter der französischen Fahne gesucht, die Organi=
sation des mexikanischen Heeres, das ausschließlich unter unsern
Befehlen operiren wird, in's Werk zu setzen."

Der almontistischen Regierungsfarce war damit ein Ende
gemacht. Diese Ohrfeige traf aber nicht allein die braune
Wange des entarteten Sohnes eines großen Vaters sowie die
aller sonstigen Verräther am mexikanischen Vaterlande, sie rico=
chettirte auch auf die ihres Beschützers, des cognacdürstigen Du=
bois de Saligny.

Forey verweilte noch mehrere Monate in dem reizend am
Fuße des Vulkans Citlaltepetl — zu deutsch Berg der Sterne
— gelegenen, halb tropischen und doch gesunden Orizaba, um
die von ihm für nothwendig erachteten Truppennachschübe zu er=
warten und wußte, ungeachtet seines Alters, sich Zerstreuungen
aller Art zu schaffen. Bankette und Bälle waren an der Tages=
ordnung. Am Meisten beherrschte ihn jedoch der Ehrgeiz, den
Marschallsstab, welchen ja nach Napoléon's I. Wort jeder fran=
zösische Soldat im Tornister trägt, zu erringen, wie ihm den=
selben der Fall von Puebla thatsächlich eintrug. Ueberdieß ließ
er, der Nachwelt vorgreifend, eine Broncebüste von sich an=
fertigen und von der seiner Botmäßigkeit unterworfenen Stadt=
vertretung sich als Geschenk anbieten. Das war klug von ihm
gehandelt. Hätte er selbst nicht diese anticipirte Verfügung ge=
troffen, die Geschichte würde schwerlich ein Interesse gehabt
haben, ihn in dieser Form zu verewigen.

Bevor er den Vormarsch nach Puebla antrat, erließ er eine
weitere Proklamation, in welcher er von der „Untreue" sprach,
deren das Schicksal sich gegen die französischen Waffen schuldig
gemacht habe -- er meinte die seinem Vorgänger am 5. Mai
1862 durch General Zaragoza zugefügte Schlappe. Die
Hauptsache für uns war, daß, wie man in Mexiko und in

Spanien sagt, se despejó la incógnita, die wahre, anfänglich geleugnete Absicht der Franzosen betreffs der mexikanischen Re= publik unverhüllt zu Tage trat. Es handelte sich einfach darum, das Land zu Gunsten Maximilian's zu erobern, unter der stillschwei= genden, weil im Sinne Napoléon's III., selbstverständlichen Be= dingung, daß der österreichische Erzherzog nichts als eine willenlose Gliederpuppe sein dürfe, die sich nur so zu bewegen habe, wie die Fäden von der Sphynx in den Tuilerien gezogen wurden.

Interessant ist der Nachweis, wie allmälig Forey als Mandatar Napoléon's III. vorging, um die Mexikaner für die Pläne seines Herrn zu ködern, wie geschickt er die Ueber= gänge von den in der Londoner Convention ausgesprochenen Ab= sichten der Signatarmächte, einschließlich Frankreichs, bis zur Gründung eines habsburgischen Kaiserreichs vermittelte.

Am 24. September 1862 erließ er folgenden Aufruf:

„Bürger von Mexiko!

„Man sucht das Nationalgefühl gegen uns aufzureizen, in= dem man Euch den Glauben beibringt, wir seien gekommen, um Euch eine Regierung nach unserm Gefallen aufzuerlegen. Weit entfernt davon, wird das mexikanische Volk, sobald es durch unsere Waffen befreit sein wird, frei die Regierung wählen, welche ihm am Besten zusagt. Ich habe den ausdrücklichen Be= fehl erhalten, Euch dies zu erklären. Die Männer von Herz, welche sich mit uns verbunden, haben Anspruch auf unsern be= sonderen Schutz. Aber im Namen des Kaisers richte ich diesen Aufruf an alle diejenigen ohne Unterschied der Partei, welche die Unabhängigkeit ihres Landes und die Unversehrtheit ihres Gebiets retten wollen.

„Es liegt nicht in der Politik Frankreichs, sich wegen einer elenden Interessenfrage in die inneren Zwistigkeiten fremder Nationen einzumischen. Wenn aber berechtigte Beweggründe es zwingen zu interveniren, so thut es dies stets zum Vortheil des Landes, wo es seine Thätigkeit ausübt.

„Erinnert Euch, daß überall, wo die französische Fahne weht, sie die Sache der Völker und der Civilisation repräsentirt."

Ungefähr einen Monat später, am 20. Oktober, folgte eine neue Proklamation, in welcher schon nicht mehr von „Bürgern" sondern einfach von „Bewohnern" die Rede ist, an deren Stelle noch später „Unterthanen" treten werden. Sie lautet:

„Bewohner von Mexiko!

„Sind wir etwa Feinde, die gekommen sind, Eure Unabhängigkeit zu schädigen, indem wir Euch unsere Ansichten aufzwingen? Haben wir aufgehört, Eure Güter, Eure Sitten und Eure Gesetze zu respectiren? Wenn Einer sie angriffe, würdet Ihr uns sofort ihn bestrafen sehen. Wir kommen allein, um die Regierung kennen zu lernen, welche Euch zusagt, und wenn die frei und loyal befragte Nation ihren Willen kundgegeben hat, wird Frankreich ihn anerkennen."

Wie diese „freie und loyale" Befragung der Nation in's Werk gesetzt wurde, ist bekannt. Am 10. Juni 1862 rückte Forey, ohne Widerstand zu finden, in die Hauptstadt ein, nachdem Juarez dieselbe zehn Tage früher flüchtig verlassen hatte, um seinen Regierungssitz vorläufig in San Luis Potosi aufzuschlagen. Am 16. ernannte Forey einen Regierungsrath — junta superior de gobierno — als dessen Executive das aus Almonte, demselben zuerst so cavalièrement von ihm kaltgestellten Almonte, dem Erzbischof Labastida und dem greisen, politisch unbedeutenden und willenlosen General Salas zusammengesetzte Triumvirat fungirte. Am 8. Juli bastelte eine sogenannte Notabelnversammlung, deren Mitglieder, sorgfältig von den Franzosen ausgesucht waren, folgendes Dekret zusammen:

„Art. 1. Mexiko erklärt sich für die gemäßigte, erbliche Monarchie.

„Art. 2. Der Souverän nimmt den Titel: „Kaiser von Mexiko" an.

„Art. 3. Die Kaiserkrone wird Maximilian, Erzherzog
von Oesterreich, für sich und seine Nachkommen angeboten."

Gleichzeitig wurde eine Regentschaft eingesetzt, die bis zur
Ankunft des „frei und loyal" durch den „Gesammtwillen des
mexikanischen Volkes" — wer lacht da? — berufenen Kaisers
die Regierungsgeschäfte zu führen haben sollte. Damit fand
Forey's Thätigkeit in Mexiko seinen Abschluß. Schon im
Oktober desselben Jahres wurde er durch den noch verabscheuungs-
würdigeren, doch immerhin klügeren Bazaine ersetzt, kehrte nach
Frankreich zurück und starb, unbemerkt und unbetrauert, im Juni
1872 in Paris.

Der schon mehrmals von mir erwähnte Sieg, welchen
General Bazaine über Comonfort und das Armeecorps des
Centrums bei San Lorenzo davongetragen, hatte ihm einen
Namen gemacht, und doch war jene Waffenthat, deren Bedeutung
ich nicht in Abrede stelle, nur dadurch zu einer bedeutenden geworden, hatte nur darum sich nicht in eine für die Franzosen
verhängnißvolle Niederlage umgewandelt, weil Ortega nicht an
dem nämlichen Tage einen Ausfall zu machen und den Gegner
zwischen zwei Feuer zu nehmen verstand. Seine Entschuldigung,
Comonfort habe ihn nicht rechtzeitig benachrichtigt, vermag ich
nicht gelten zu lassen. Der starke Kanonendonner, den wir in
Puebla deutlich vernahmen, genügte, um ihm zu sagen, was er
zu thun hatte. Er that aber nichts.

Auch mit Bazaine bin ich wie mit Forey nur vorübergehend persönlich zusammengetroffen.

Als ich das französische Hauptquartier auf dem Cerro de
San Juan, von Gensdarmen escortirt, verließ, begegnete mir
zuerst ein hochgewachsener Herr in preußischer Majorsuniform.
Er stellte sich mir als Major Stein von Kaminsky vor, der
im Auftrage seiner Regierung an der Expedition der Franzosen
in Mexiko theilnehme, wie dies ja bei neueren Feldzügen häufig
zu geschehen pflegt, um die auf solche Weise gewonnenen Er-

fahrungen durch Feldmarschall Graf Moltke's Generalstab zu
Gunsten der eigenen Armee verwerthen zu lassen. Aus den
wenigen Worten, die ich damals mit Herrn von Stein wechselte,
erkannte ich zu meinem Bedauern, daß er, wie es ja auch kaum
anders möglich war, vollständig die französischen Vorurtheile
gegen mein Adoptivvaterland theilte. Als ich ihn fast zwanzig
Jahre später in Berlin wiedersah — er war inzwischen zum
General befördert und später zur Disposition gestellt worden,
während ich, immer noch Oberst, die Stelle eines Militär=
Attachés bei der mexikanischen Gesandtschaft bekleidete — war
sein Urtheil über Mexiko ein unbefangeneres und darum ge=
rechteres.

Unmittelbar nachdem ich mit Major von Stein ge=
sprochen hatte, kam Bazaine herangeritten. Kleiner als Forey,
voller, aber obgleich erst zweiundfünfzig Jahre alt — er war
am 13. Februar 1811 in Versailles, als Sohn eines Officiers
geboren — doch schon das bürstenförmig kurzgeschnittene Haar
sowie den Schnurr= und Knebelbart wie mit weißem Reif bestreut,
machte er auf mich einen nicht gerade unsympathischen Eindruck,
wiewohl seine unstät blickenden schlauen Augen den ausge=
sprochenen Hang zur Intrigue verriethen. In der kurzen Unter=
redung mit mir zeigte er eine viel größere Höflichkeit und mehr
weltmännische Formen als sein Vorgesetzter. Doch aber hasse
ich ihn unvergleichlich mehr als den plumpen Forey, denn
furchtbar sind die Leiden, welche gerade er über das unglückliche
Mexiko gebracht hat.

Von dem Augenblick an, daß er den Oberbefehl über das
französische Expeditionscorps übernahm, bis zu seiner Wieder=
einschiffung in Veracruz hat er eine in jeder Beziehung un=
würdige Rolle gespielt. Verhältnißmäßig wenig ist darüber in
Europa bekannt geworden. Und da Bazaine durch sein vor
einiger Zeit veröffentlichtes Buch, in welchem er den vergeblichen
Versuch macht, seine Capitulation von Metz zu rechtfertigen, sich

ungeschickter Weise von Neuem den Zeitgenossen in's Gedächtniß
gerufen hat, anstatt sich glücklich zu preisen, daß diese langsam
anfingen ihn zu vergessen, so ist es gut, auch von seinen mexikanischen Antecedentien den Schleier fortzuziehen.

Kurz bevor im Spätherbst 1873 der Prozeß gegen Bazaine eröffnet wurde, schrieb ich, der ich mich fortwährend,
wahrlich nicht aus Vorliebe, sondern aus berechtigtem Haß, mit
jenem Mann beschäftigt habe, Folgendes:

„Nach langen Verzögerungen soll endlich der Nachweis geliefert werden — daß, wie in Berlin, es auch in Frankreich
noch gerechte Richter giebt? O nein — daß man auch dort wie
überall, nur die kleinen Diebe hängt, die großen aber laufen
läßt. Das nämlich wird vermuthlich das Ende des Monstre-
processes sein, der gegen den Marschall Bazaine angestrengt ist.
Das Kriegsgericht, welches sich unter dem Vorsitz des Herzogs
von Aumale zur Fällung des Urtheils zu versammeln hat, wird,
selbst wenn eine theilweise Schuld nicht sollte fortgeleugnet werden können, so viele Milderungsgründe aufzufinden wissen, daß
der Angeklagte ohne Strafe davon kommt. Es ist sogar nicht
unmöglich, daß es eine völlige Weißwaschung an ihm vornehme
und ihm seinen Marschallsstab belasse, damit er das französische
Heer zu ferneren ruhmvollen — Capitulationen führe.

„Ueber dem Spruch des Kriegsgerichts steht aber der,
welchen die Gesammtheit der französischen Patrioten bereits gefällt hat, und der von den Ehrenmännern aller Nationen be-
stätigt ist. Dieser Spruch erklärt Bazaine wegen der Uebergabe der jungfräulichen Festung Metz und der Auslieferung einer
großen Armee nicht nur für einen unfähigen General, sondern
auch für einen Verräther an seinem Vaterlande. Das Brandmal,
welches Gambetta ihm mit seiner bekannten Depesche auf-
drückte, sobald er den Fall jenes wichtigen Platzes erfuhr und
einsah, daß diese Katastrophe wesentlich zu dem für Frankreich
unglücklichen Ausgang des Krieges beitragen mußte — die Zeit

hat es nicht zu verwischen vermocht. Auch heute erblickt man es blutig roth auf der Stirn Bazaine's, und die unparteiische Geschichte wird es verewigen, wie günstig auch die Entscheidung des Gerichts ausfallen möge.

„Sage man nicht, es zeige von Voreingenommenheit, ja von unverantwortlicher Lieblosigkeit, mich so strenge gegen einen armen Angeschuldigten auszusprechen und nicht den Zeitpunkt abzuwarten, daß die öffentlichen Verhandlungen ihm Gelegenheit geben, sich zu vertheidigen. Wo so laut wie in diesem Falle die aller Welt bekannten Thatsachen reden, ist jede Untersuchung überflüssig, es sei denn, daß sie sich zum ausschließlichen Zwecke stelle, neue Momente der Straffälligkeit zu entdecken. Schon längst hätte Bazaine nicht nur verurtheilt, sondern es hätte die Strafe an ihm vollzogen sein müssen. Würde er unmittelbar nach seiner Metzer Heldenthat Gambetta in die Hände gefallen sein, er wäre wahrlich den verdienten vier Kugeln nicht entgangen — und das von Rechts wegen.'

„Ich bin außer Stande, mit einem solchen Menschen Mitleid zu empfinden. Ich würde darin nur eine Schwäche erblicken. Ich wünsche, daß, wie in der Natur der Blitz das niedrige Gesträuch verschont, aber die hoch in die Lüfte ragenden Bäume mit zerschmetterndem Strahle zu treffen pflegt, ausnahmsweise der Strahl der rächenden Gerechtigkeit auf ein schuldiges Haupt niederfalle, obgleich es sich weit über die übrigen erhebt."

Ich habe obige Auslassung angeführt, obgleich das Verdikt anders ausfiel, als ich vorausgesetzt hatte, weil ich kein Hehl daraus machen will, welche Stellung ich mit meinem Urtheil Bazaine gegenüber einnehme.

„Frankreich, das bisher nur die ruhmvolle Vergangenheit des Marschalls kennt, wird, wenn Sie ihn verurtheilen, morgen seinen Tod beweinen. Auf dem Richtplatz pflegt die Nachwelt oft Standbilder zu errichten."

Mit diesen Worten schloß maitre Lachaud am 10. De=
zember 1873 die lange Vertheidigungsrede, durch welche er sich
bemüht hatte, Bazaine vor dem Kriegsgericht in Trianon von
den furchtbaren Anklagen, welche die Generale Rivière und
Pourcet gegen ihn zusammengetragen hatten, zu entlasten. Es
war ihm nicht gelungen. Bazaine wurde als ehr= und pflicht=
vergessener Vaterlandsverräther zum Tode verurtheilt, und wenn
auch durch die Begnadigung Mac Mahon's diese Strafe in
die der Einschließung in das Castell von Sainte=Marguerite
umgewandelt wurde, moralisch, militärisch und politisch ist er
dennoch todt seit jenem Verdikt; auch sein jüngster Rehabili=
tirungsversuch hat daran nichts zu ändern vermocht. Ich spreche
deshalb von ihm wie von einem Hingeschiedenen. Praesente
cadavere will ich nach egyptischem Brauch ein Todtengericht
über ihn abhalten.

Vor Allem frage ich, ob Lachaud befugt war, von der
„ruhmvollen" Vergangenheit des Capitulanten von Metz zu reden,
und meine Antwort lautet: Nein. Die Begründung dieses kate=
gorischen Nein liegt in dem einen Namen: Mexiko. Der mexi=
kanische Feldzug war es, welcher Bazaine auf die höchste
Staffel der militärischen Rangleiter erhob. Für seine dortigen
„Heldenthaten" wurde er von seinem Herrn mit dem Marschalls=
stabe belohnt — und ihm dadurch die Möglichkeit gegeben, die
stärkste Festung Frankreichs dem Feinde auszuliefern und ein
Heer von mehr denn 160,000 Combattanten in die deutsche Ge=
fangenschaft abführen zu lassen. Es ist darum wichtig, zu
untersuchen, wie er sich in Mexiko benommen hat.

Bei jedem Angeklagten spielen seine Antecedentien eine be=
deutende Rolle. Sind sie makellos, so wird der Richter milder
gestimmt; sind sie unsauberer Natur, so wächst die Wahrschein=
lichkeit, daß er auch das neue, ihm zur Last gelegte Verbrechen
begangen habe. Quien hace un cesto, hace ciento — sagt
ein spanisches Sprichwort — wer einen Korb macht, macht

hundert. Und schon in Mexiko hatte Bazaine begonnen, mit
eigenen Händen den Strick zu drehen, mit welchem er seine Ehre
erwürgte. Wenn man sieht, wie er dort gehandelt hat, wundert
man sich weniger, daß er später in noch viel höherem Grade
seine Pflicht als Militär und als Franzose verletzte.

So lange er den Befehlen des Generals und späteren Mar=
schalls Forey untergeordnet war, fand er weniger Gelegenheit,
sich in seinem wahren Charakter zu zeigen. Als er jedoch zum
Hauptcommandirenden des Expeditionscorps ernannt wurde, da
traten seine in Algerien, dieser verderblichen Pflanzschule einer
großen Menge französischer Officiere, großgezogenen ehrgeizigen,
grausamen, habgierigen und verrätherischen Anlagen zu Tage,
und es bot sich ihm, um sie zu entwickeln, ein nur zu günstiges
Feld dar.

Nach dem Falle von Puebla gab es kaum noch eine mexi=
tanische Armee. Allein mehr oder minder starke Guerrillas,
welche leider, wie es kaum anders möglich war, auf eigene Faust
den Krieg fortsetzten und nur selten nach vorangegangener Com=
bination gemeinschaftliche Operationen ausführten, verhinderten
eine schnelle Besitzergreifung des ganzen Gebietes der Republik.
Da gegen diese Guerrillas, welche ihrer Natur nach formelle
Treffen thunlichst zu vermeiden suchten und sich vorwiegend auf
Ueberrumpelungen schwacher feindlicher Détachements, vereinzelter
Posten, Munitions= und Provianttrains und dergleichen be=
schränkten, mit geschlossenen Truppen wenig auszurichten war,
um so schwerer als die genaue Kenntniß des Terrains, die sie
besaßen, sowie die indirekte Unterstützung, welche sie bei dem
größten Theile der Bevölkerung fanden, ihr rechtzeitiges Ent=
kommen erleichterten, so verfügte Bazaine die Bildung soge=
nannter contra-guerrillas. Das war militärisch richtig; ent=
setzlich aber war es und nie gutzuheißen, wie diese Banden,
wetteifernd mit den wilden Apaches und Comanches, im Lande
hausten. Zusammengesetzt aus Verbrechern verschiedenster Natio=

nalität, aus wahren outlaws. war ihrerseits von einer Beob=
achtung der unter civilisirten Nationen üblichen Kriegsgebräuche
absolut keine Rede. Obgleich ein französischer Generalstabsoberst,
der berüchtigte Dupin, an ihre Spitze gestellt wurde, so fiel es
ihm doch niemals ein, den Ausschreitungen und Grausamkeiten
seiner Untergebenen entgegenzutreten; im Gegentheil feuerte er
sie dazu an. Die Hauptaufgabe, der Hauptzweck dieser wilden
Gesellen war, unvertheidigte Ortschaften heimzusuchen. Dann
wurde nach Herzenslust geplündert und geraubt, gesengt und ge=
brannt, geschändet und gemordet. Und fielen bei einem Zu=
sammenstoß mit den Unsern Gefangene in die Hände solcher
contra-guerrillas, so gaben diese niemals Pardon; der Galgen
war ihr unvermeidliches Loos.

Ich habe Dupin persönlich nicht kennen gelernt. Nur
seine Photographie ist mir vor Augen gekommen. Darin glich
er mit seinem breitrandigen Hute und dem ganzen phantastischen
Anzuge, mit dem er sich ausstaffirt hatte, mehr einem Räuber=
hauptmann als einem französischen Oberst. Seine Handlungen
bestätigten diese Annahme. Einen Begriff kann man sich von
ihm nach folgendem Schriftstück machen. Er hatte den Befehl
erhalten, sich mit seiner contra-guerrilla aus dem Staate
Tamaulipas nach der Lagune von Turpam zurückzuziehen, wo
ein Détachement französischer Marinesoldaten von mexikanischen
Streitkräften arg bedrängt wurde. Seine ablehnende Antwort
lautete folgendermaßen:

„Gern würde ich mit Ihren vortrefflichen Marinetruppen
zusammen operiren, aber für den Augenblick ist es nicht leicht,
Tamaulipas zu verlassen, das trotz der angeblichen Erfolge der
Truppen des Generals Mejia gegen Mendez sich in einer
schwierigeren Lage befindet denn jemals zuvor. Nach den letzten
Berichten soll die Bande von Mendez vernichtet und er selbst
schwer verwundet sein. Die Wahrheit, wie ich gewohnt bin sie
zu sagen, ist jedoch, daß Mendez und Carbajal mit mindestens

500 Mann sich am Meeresufer befinden, 15 Leguas entfernt von Soto-la-Marina und 30 von mir. Wenn ich aufbreche, werden sie die Flucht ergreifen; da ich aber die best berittene Cavallerie Mexikos habe, so hoffe ich einige von ihnen zu erreichen, die dann, wie Sie sich wohl denken können, bald an einem Stricke baumeln werden. Auf diese Weise spare ich Patronen."

Das Vorgehen Dupin's fand stets die entschiedenste Billigung seitens Bazaine's. Wie der Herr, so der Diener.

Als Erzherzog Ferdinand Maximilian aus den Händen einer unbefugten Deputation die mexikanische Kaiserkrone in Empfang nahm, da ahnte er nicht, daß er mit diesem Akte eine Abdankung seines eigenen freien Willens vollzog. In Bazaine oktroyirte ihm Napoléon III. einen Vicekaiser, gegen dessen Gewalt er sich nicht aufzulehnen vermochte. An seine Seite war ein Mann gestellt worden, der den Auftrag erhalten hatte, alle seine Handlungen im ausschließlichen Sinne der französischen Interessen zu lenken, und diese Rolle führte Bazaine mit einer Rücksichtslosigkeit durch, daß dem unglücklichen Prinzen oft Thränen ohnmächtiger Wuth die Augen netzten über die unerträglichen Demüthigungen, welche jener rohe Emporkömmling ihm zufügte. Jahre hindurch ließ dieser ihn unsägliche moralische Leiden erdulden. So oft das Herz des au fond menschenfreundlichen Erzherzogs sich zur Milde neigte, trat Bazaine ihm mit einem neuen Bluturtheil entgegen und zwang ihn, es mit zitternder Feder zu unterzeichnen. Das furchtbare Dekret vom 3. Oktober 1865, welches alle treu zu ihrem Lande und zu dessen rechtmäßiger Regierung haltenden Mexikaner als außer dem Gesetze stehend erklärte und die grüne Erde Anahuacs mit Blut tränkte, Bazaine hatte es ihm abgerungen. Wurden republikanische Soldaten gefangen genommen, so verhinderte Bazaine, daß ein kaiserlicher Gnadenakt sie vom Tode rettete. Mit überstürzter Eile, oft unter dem Schleier der Nacht, ließ

er ein französisches Kriegsgericht zusammentreten, welches im
voraus von ihm den Befehl erhalten hatte, das „Schuldig" zu
sprechen, und wenn der Morgen graute, lag ein neuer Haufen
von Leichen auf dem Boden. Bisweilen verbot Maximilian
ausdrücklich die Hinrichtung; Bazaine kehrte sich nicht an das
Verbot; er ließ nichtsdestoweniger die Opfer niederschießen, car
tel était son plaisir. Maximilian's Klagen vermochten die
Todten nicht in's Leben zurückzurufen. Häufig genügte der
leiseste Verdacht, für die Sache der Republik Sympathien zu
empfinden, um dem Henker zu verfallen. In dem Städtchen
Jerez wurden einmal auf Befehl Bazaine's an zweihundert
Bürger jeden Alters, keine Soldaten, nur aus dem Grunde
füsilirt, weil sie den Weg nicht angeben konnten oder wollten,
welchen mexikanische Truppen, die den Tag vorher den Ort
passirt, eingeschlagen hatten. Viele von ihnen wußten es in der
That nicht.

An die verschiedenen Corpscommandanten entsandte Marschall Bazaine eine Instruktion, in welcher es unter Anderm
heißt:

„Ich fordere Sie also auf, den Truppen, die sich unter
Ihrem Befehle befinden, zu wissen zu thun, daß ich nicht ge-
statte, Gefangene zu machen — que je n'admets pas que
l'on fasse des prisonniers. Jedes Individuum, gleichviel
welches, soll niedergemacht werden — sera mis à mort.
In Zukunft wird keine Auswechslung von Gefangenen mehr stattfinden."

Unzählige Beispiele bestätigen, daß dieser Blutbefehl genau
befolgt wurde. Nur eines, welches mir von einem Augenzeugen
berichtet wurde, will ich hier anführen:

Am 21. November 1864 gelang es dem Regimente der
chasseurs d'Afrique unter der Anführung des Obersten Dupart in der Hacienda de Guadalupe im Staate Durango ein
vom Major Cayetano Sainz Pardo befehligtes mexikanisches

Streifcorps zu überraschen. Verräther, welche die Gegend kannten,
hatten den Franzosen den Weg gezeigt. Der Ueberfall geschah
so plötzlich, daß von einer wirksamen Vertheidigung keine Rede
sein konnte. Die Mehrzahl der Unsern wurde erbarmungslos
niedergesäbelt. Nur der Anführer Sainz Pardo jagte, da
Alles schon verloren war, auf seinem schnellen Pferde davon.
Aber auch er wurde eingeholt. Als er die Verfolger sich nahe
sah, warf er das Pferd herum und bereitete sich, den Revolver
in der Hand, vor, sein Leben möglichst theuer zu verkaufen. Ein
französischer Officier forderte ihn auf, sich zu ergeben; er ver=
sprach ihm in diesem Falle sofortige Freilassung, damit er zu
seiner Familie zurückkehre. Pardo, der überdies krank war und
sich kaum noch auf dem Sattel halten konnte, nahm die ihm
angebotene Garantie an. Der Officier stellte den Gefangenen
seinem Chef vor. Dupart aber befahl, demselben seine Kleider
vom Leibe zu reißen, und ließ ihn völlig nackt an einen Pfahl
anbinden.

„Als Bandit wirst Du den verdienten Tod erleiden!" rief
er ihm zu.

„Ich verachte den Tod", erwiderte Pardo, aber ich pro=
testire gegen die Bezeichnung „Bandit", mit der Sie mich brand=
marken wollen. Ich habe nur meine Pflicht gethan, indem ich
mein Vaterland vertheidige. Weit eher kommt Ihnen dieser
Name zu, der Sie gewaltsam in's Land gedrungen sind, um
uns unsere Nationalität zu rauben. Fluch den Franzosen! Fluch
dem Tyrannen Louis Napoléon! Es lebe die Unabhängigkeit
von Mexiko, es lebe — — —"

Da krachte eine Salve. Von mehreren Kugeln durchbohrt,
hing der Leichnam des wackern Patrioten am Pfahle.

Man hat sich wohl gehütet, in Europa bekannt zu machen,
wie das französische Interventionsheer in Mexiko gewüthet hat.
Ich selbst bin im Jahre 1866 und Anfang 1867 Tage lang,
namentlich in den nördlichen Staaten der Bundesrepublik nur

durch) eingeäscherte Dörfer und Städte marschirt. Für alles Dieses
ist in erster Linie Bazaine verantwortlich zu machen, wenn auch
auf seinen Meister in den Tuilerieen ein großer Theil der Mit=
schuld fällt.

Nebenbei bot das Land dem Marschall die Mittel, sich persönlich zu bereichern. Verhältnißmäßig arm hinübergekommen,
verließ er es, die Taschen mit Millionen gefüllt, die er theils
geraubt, theils erschwindelt hatte. Ein Maximilian erpreßtes
Dekret gestattete die zollfreie Einfuhr der für den Bedarf der
französischen Armee nöthigen Artikel. Daraufhin ließ Bazaine
sich aus Frankreich Seidenstoffe, Spitzen, Handelsgegenstände
aller Art senden und schmuggelte sie unter der Etiquette „Be=
dürfnisse für das Heer“ in den Hafen von Veracruz ein. Mit
diesen Waaren gründete er dann in der Hauptstadt einen Bazar
nächst dem vornehmsten Hotel Iturbide und ließ sie dort zu
wohlfeilen Preisen, mit denen die übrigen Kaufleute, welche ihre
Steuern, Abgaben und Zölle ehrlich bezahlt hatten, natürlich
nicht concurriren konnten, verkaufen. Auf diese bequeme Weise
machte er glänzende Geschäfte. Jener Bazar bestand noch, selbst=
verständlich unter erborgter Firma, nachdem wir im Sommer
1867 wieder in Mexiko eingezogen waren. Bei dem daselbst
bald darauf vorgenommenen Ausverkauf habe ich selbst zu auf=
fallend günstigen Bedingungen einzelne Gegenstände erstanden.
Erst später erfuhr ich, daß ich mit meinem Gelde unfreiwillig
einen Tribut an Monsieur Bazaine gezahlt hatte.

Auch seine Heirath mit einer jungen Mexikanerin benützte
der kurz vorher zum Wittwer gewordene Marschall, um eine
financielle Spekulation auszuführen.

Zunächst will ich jedoch — nach Hörensagen — von seiner
ersten Frau erzählen.

Als ich Mitte 1864, aus der Kriegsgefangenschaft entlassen,
in Paris weilte, die erste Gelegenheit abwartend, um in mein
Vaterland zurückzukehren und von Neuem mich an den Kämpfen

gegen die Franzosen und die Kaiserlichen zu betheiligen, wurde
ich eines Tages in einem nahe der berühmten Buchhandlung
von Firmin Didot gelegenen, beinahe ausschließlich von Schrift=
stellern frequentirten Kaffeehause — ich glaube, es hieß café
Caron — von einem Bekannten auf einen etwa vierzigjährigen,
hageren, unsympathischen, bärtigen und bebrillten Herrn auf=
merksam gemacht, einen Journalisten, dessen Name mir übrigens
entfallen ist, und mir in Bezug auf ihn Folgendes mitgetheilt:
Als Bazaine in einer algierischen Ortschaft in Garnison stand,
sah er einmal ein etwa zehn= bis zwölfjähriges reizendes Araber=
mädchen auf der Straße Früchte verkaufen. Die Kleine gefiel
ihm, und er beschloß sie sich anzueignen. Ohne große Schwierig=
keit erlangte er von den Eltern für eine mäßige Summe Geldes
die Abtretung ihres Kindes. Bazaine ließ dasselbe nun in
einem Pensionat erziehen, und als das Mädchen zur Jungfrau
erblüht war, heirathete er sie trotz des großen Altersunterschiedes.
Später nahm er seine Frau mit sich nach Paris. Nach Mexiko
beordert, mußte er sie in der für allein stehende hübsche Damen
etwas gefährlichen Lutetia zurücklassen. Dort machte sie zufällig
die Bekanntschaft jenes Journalisten, und obgleich derselbe, wie
gesagt, keineswegs durch sein Aeußeres bestach, gelang es ihm
dennoch ziemlich schnell, die gelangweilte Stimmung der Stroh=
wittwe geschickt benützend, in ein näheres Verhältniß mit ihr zu
treten. Die Sache wurde ruchbar. Auch der fern weilende
Gatte erfuhr davon. Er schrieb darauf der Ungetreuen einen
vernichtenden Brief, in welchem er sie an alle ihr von ihm er=
wiesenen Wohlthaten erinnerte und ihr die bittersten Vorwürfe
machte. Sie, wohl auch schon überdrüssig des Galans und von
Gewissensbissen gefoltert, fand keinen andern Ausweg aus ihrer
falschen Situation als den Selbstmord. Ein schnell wirkendes
Gift, das sie sich zu verschaffen gewußt hatte, machte ihrem
jungen Leben ein Ende.

　　　Relata refero. Ich übernehme deshalb keine Verant=

wortung für die Wahrheit dieser Mittheilung. Jedenfalls war
Bazaine in der Lage, in Mexiko ein neues und — vortheil=
hafteres Ehebündniß zu schließen. Seine Wahl fiel auf eine
sehr junge, vornehme Dame, Pepita Peña. Maximilian
machte der Frau Marschallin ein kostbares Hochzeitsgeschenk; er
überließ ihr und ihrem Gemahl als provisorisches Heim den
prachtvoll möblirten Palast Buenavista und verpflichtete sich,
ihnen, im Falle ihrer Rückkehr nach Europa, die Summe von
100,000 Pesos als Aequivalent dafür auszahlen zu lassen.
Sein Tod hinderte ihn, dieses Versprechen zu erfüllen. Ba=
zaine verstand es jedoch, sich wenigstens einigermaßen für diesen
Ausfall zu entschädigen. Er verkaufte nämlich das ganze ihm
nur zur Nutznießung überlassene Mobiliar und steckte die daraus
gelöste Summe von 85,000 Francs ein. Ebenso schlug er um
mehrere tausend Pesos einen Galawagen los, der ihm auch nur
zu seinem persönlichen Gebrauch geliehen worden war. Etwas
ist immer besser, als nichts, dachte er. Und dieser Mensch hat
die Kühnheit zu behaupten, „daß weder er noch seine Frau je=
mals, was immer es sei, von dem, was die Souveräne von
Mexiko ihm so freigebig angeboten, empfangen haben."

Charakteristisch ist noch folgender Zug seiner schmutzigen
Habgier. Contraktlich waren ihm monatlich 12,000 Pesos als
Quartiergeld zugewiesen. Da er aber nach der Heirath mit
seiner Frau den oben erwähnten Palast bewohnte, so ließ das
kaiserliche Schatzamt zwei Monate vorübergehen, ohne ihm jene
Summe auszuzahlen. Bazaine beklagte sich darüber bei Maxi=
milian, und als dieser, dessen Finanzen trotz der in Frankreich
effektuirten Anleihen sich in einem keineswegs blühenden Zustande
befanden, ihm erstaunt entgegnete:

„Aber, Marschall, Sie haben ja einen geräumigen Palast
zu Ihrer Verfügung" — antwortete er cynisch:

„Majestät, der gehört meiner Frau, aber nicht mir!"

Der rückständige Betrag mußte ihm entrichtet werden.

Noch schlimmerer Handlungen hat er sich jedoch gegen seinen Wohlthäter schuldig gemacht. Es ist nicht zu viel gesagt, wenn man behauptet, daß er es gewesen, welcher die Gewehre lud, deren Schüsse den österreichischen Erzherzog auf dem Cerro de las Campanas niederstreckten. Wenn man mit Recht Louis Napoléon den moralischen Mörder jenes unglücklichen Fürsten nennt, so war Bazaine das Werkzeug dieses Mordes.

Vom Beginn der kurzen Kaiserherrlichkeit an spielte der Oberbefehlshaber des französischen Expeditionscorps dem Kaiser Max gegenüber die Rolle eines Verräthers. Als würdiger Helfershelfer diente ihm der mexikanische traidor, General Almonte — par nobile fratrum. Diesem saubern Herrn, dessen Brust das Großkreuz der Ehrenlegion zierte, war es nicht darum zu thun, den Kaiserthron Maximilian's zu stützen; er hatte nur sein eigenes Interesse und das seiner Creaturen im Auge, und als er meinte, daß von dem Habsburger sein nimmersatter Ehrgeiz nicht ausreichend genug befriedigt worden sei, bot er Napolén III. seine geheimen Dienste an. Bereitwillig wurden sie allerhöchsten Orts angenommen. Zuerst schlug Almonte dem Kaiser vor, Goldminen in Mexiko, speciell in Sonora, für ihn anzukaufen, und zwar, um die Person des Souveräns aus dem Spiele zu lassen, im Wege eines angeblichen Aktienunternehmens. Aus den in den Tuilerien nach dem 4. September 1870 aufgefundenen, auf die mexikanische Expedition bezüglichen geheimen Papieren wird nicht ersichtlich, ob das Geschäft ernstlich in Angriff genommen wurde. Der Umstand, daß der Hauptunterhändler, der Stiefbruder des Kaisers, Herzog von Morny, inzwischen am 10. März 1865 gestorben war, gestattet den Schluß, daß es nicht dazu kam. Da aber die Thätigkeit Almonte's in dieser Richtung keine Nahrung fand, so übernahm er die Rolle eines Spions und berichtete in feindlichstem Sinne über das Gebahren am mexikanischen Kaiserhofe nach Paris. So schrieb er z. B. am 11. Mai 1865 an den Kaiser der Franzosen:

„Anstatt die Popularität, zu der man ihm" — Maxi=
milian — „die Wege geebnet hatte, festzuhalten, ist er heute
ein Gegenstand der Verwünschung für die Einen, die ihn be=
riefen, und des Spottes für die Andern, die sich von jeher gegen
seine Berufung sträubten."

Wie aus einem gleichfalls aus dem Jahre 1865 stammen=
den Schreiben des Königs Leopold I. von Belgien an Louis
Napoléon erhellt, in welchem Jener sich über die schwierige Lage
seines Schwiegersohnes in Mexiko ausspricht, galt diesem schon
damals als Haupthinderniß einer Pacifikation des Landes —
Bazaine. In einer in seinem Namen verfaßten Note vom
7. Juli 1866, welche durch die Kaiserin Carlota in den
Tuilerien übergeben wurde, findet sich folgender Passus:

„Wenn es mir nicht möglich war, die contrahirten Schulden
einzulösen, so liegt die Ursache darin, daß die versprochene Paci=
fikation nicht durchgeführt wurde."

Und wem lag diese ob? Bazaine.

„Ohne Zweifel", heißt es an einer anderen Stelle jener
Note, „hat sich Mexiko durch den Vertrag von Miramare ver=
pflichtet, den Unterhalt des Expeditionscorps sowie dessen Kriegs=
und Occupationskosten zu bestreiten; es war aber darunter keines=
wegs verstanden, daß nur ein Drittel oder die Hälfte des Landes
besetzt werden solle, auch war die Voraussicht ausgeschlossen, daß
einzig und allein die Kriegstransporte, indem einzelne Colonnen
vierzehnmal Michoacan, fünfmal Monterey, zweimal Chihuahua
u. s. w. besetzt und dann wieder geräumt hatten, sich auf sechs=
zehn Millionen Francs belaufen würden. Die kaiserliche Re=
gierung konnte nicht voraussehen und hätte auch nicht anzunehmen
vermocht, daß nach einem dreijährigen verderblichen Kriege der
Oberbefehlshaber der 50,000 Mann starken franco=mexikanischen
Armee nicht in den reichen Provinzen von Guerrero, Tabasco
und Chiapas, wo nie ein einziger französischer Soldat erschienen
ist, den Gehorsam zu erzwingen im Stande war. Ich konnte

vor Allem nicht annehmen, daß nach diesen drei Kriegsjahren, Dank der Unthätigkeit des Oberbefehlshabers oder seinen Dis=positionen, alle ausgedehnten Nordstaaten unter das Joch der Juaristen zurückfallen würden."

. Im weitern Verlauf der Note wird gesagt, der Marschall selbst habe die Richtigkeit jener Thatsachen dadurch anerkannt, daß er im Januar 1866 anzeigte, die Unthätigkeit seiner Truppen werde nun aufhören, und „der Kaiser werde bald sehen, daß nicht die Militärfrage ihn in erster Linie beschäftigte". Die Wirklichkeit habe jedoch leider bewiesen, daß dieses feierliche Ver=sprechen ein todter Buchstabe geblieben. Zu wiederholten Malen habe der Obercommandant die kläglichen Resultate seiner Hal=tung zu erklären versucht, indem er sich über einige unzuverlässige Behörden beschwerte. Am 2. Dezember 1865 verlangte Maxi=milian von Bazaine Bemerkungen über sämmtliche mexi=kanische Functionäre. Am 6. Januar 1866 schrieb er ihm:

„Ich erwarte durch den nämlichen Courier die Namen der=jenigen Behörden, welche Ihnen nicht loyal genug erschienen, und die man zurückberufen muß, denn ich will alle Mittel, die in meiner Macht liegen, zu Ihrer Verfügung stellen. Ich werde jene Be=amten durch neue, die Ihr Vertrauen besitzen, ersetzen. Sie bestehen ferner auf der regelmäßigen Auszahlung der Truppen. In Bezug darauf muß ich bemerken, daß meine Regierung das Möglichste gethan hat; sie hat sogar, um alle ihre Hilfsmittel ausschließlich der Armee zuzuwenden, die nothwendigsten Ver=besserungen im Civildienste vernachlässigt. Die Armee ist es, die allein die ganzen Staatseinkünfte absorbirt, und man braucht, um sich davon zu überzeugen, nur einen Blick auf die Rech=nungen des Ministeriums zu werfen."

Maximilian wies nach, daß der schlechte Stand der Fi=nanzen und die Schwierigkeit, allen seinen Verpflichtungen nach=zukommen, nicht ihm zur Last gelegt werden dürfe. Was könne er anders thun, als die ihm von der französischen Regierung

geschickten Agenten verwenden? Schließlich wehrte er die In-
sinuation ab, als hätte er nicht die Organisation einer nationalen
Armee betrieben, und hier klagte er wiederum den Marschall
Bazaine wegen seines unverkennbaren Uebelwollens an.

Andererseits formulirte dieser immer neue und neue Vorwürfe gegen Maximilian, und da man in Frankreich nur
einen Vorwand suchte, um sich aus der Affaire zu ziehen, die man
anfänglich leichter zu bewältigen geglaubt hatte, so fanden jene
fast durchgehends ungerechten Vorwürfe ein geneigtes Ohr bei
dem Machthaber in Paris. Alle Schuld des Nichterfolgs oder
richtiger gesagt, des mangelhaften Erfolgs wurde dem armen
Kaiser in die Schuhe geschoben.

Während so Maximilian und Bazaine gegen einander
geriethen, sich gegenseitig bei Louis Napoléon verklagten, und
die Situation sich zu einer unentwirrbaren zuspitzte, hatte Rouher
das Toupet, in der Deputirtenkammer die Erklärung abzugeben,
das beste Einvernehmen herrsche zwischen dem Marschall und
dem Kaiser von Mexiko.

Sehr gelegen kam Ersterem die Rückberufung des Expeditionscorps. Was aus der mexikanischen Orange herauszupressen war,
hatte er aufgesogen. Die Zeit war gekommen, sie fortzuwerfen.
An Geld und Auszeichnungen war er überreich geworden. Er
hatte seinem Blutdurst vollauf Genüge gethan. Er fürchtete auch
wohl, daß, da die Sache eine immer bedenklichere Wendung zu
nehmen begann, er Einbuße an seinen schmachvoll erworbenen
Gütern erleiden könnte.

Napoléon III. erkannte endlich, wenn auch zu spät, daß
sein mexikanisches Projekt, „die großartigste Idee seiner Regierung", ein Fehlschlag sei. Der schlaue Spieler mit dem Geschicke der Nationen hatte sich dieses Mal verrechnet; er hatte
verabsäumt, den Patriotismus der Mexikaner in seinen Calcul
zu ziehen.

Am 9. Juni 1866 schrieb Bazaine an seinen Herrn:

„Der Beschluß Eurer Majestät bezüglich der Rückkehr der
Truppen hat zur unmittelbaren Folge, daß sich die mexikanische
Regierung fortan entschlossener als früher mit der Organisation
ihrer Finanzen und ihrer Armee beschäftigt. Wir unterstützen
sie nach Kräften, und hätte man die verflossenen Jahre so gut
verwerthet, wie man jetzt es thut, so wäre die Regierung trotz
aller ihrer Fehler und namentlich trotz ihrer Zauderpolitik auf
lange hinaus gesichert gewesen. Ich habe also die gute Hoffnung, eine feste Organisation hinter mir zurückzulassen, besonders
dann, wenn noch einige Monate hindurch der französische Staats-
schatz den mexikanischen Finanzen zu Hilfe kommt, und wenn
nicht ein Flibustiersturm, entweder auf Anstiften von Juarez
oder von dem Ex-Diktator Santa-Anna, aus dem Norden
kommt."

So viel Worte, so viel Lügen.

Mir liegt es nicht ob, die Verwaltung Maximilian's zu
rechtfertigen oder auch nur zu entschuldigen. Für ihre Fehler ist
jedoch vorwiegend Bazaine zur Rechenschaft zu ziehen. Wenn
er die Zuversicht aussprach, „eine feste Organisation hinter sich
zurückzulassen", so sagte er eine bewußte Unwahrheit. Er besser
denn Jemand wußte, daß die Zeit vorüber war, von den republikanischen Truppen als von bloßen Flibustierschaaren zu reden.
Er konnte sich nicht darüber täuschen, daß der von ihm als
möglich vorausgesehene „Sturm aus dem Norden" den Kaiserthron, den Kaiser und — ihn selbst mit seiner ganzen Armee
zu Boden werfen müsse. Darum fort aus diesem ungastlichen
Lande, dessen barbarische Bewohner kein Verständniß hatten für die
„civilisatorische Mission der großen französischen Nation!" Und
wie der schlimme Ganelon in „Kaiser Karl's Meerfahrt" murmelte er vor sich hin:

> „Wär' ich mit guter Art davon,
> Mag Dich der Henker holen!"

Er trennte sich von Maximilian, der ihn mit Wohl-

thaten und Ehren überhäuft hatte, und dem er als Entgelt da=
für das Odium für alle von ihm selbst begangenen Verbrechen
aufbürdete — eine Bürde, die Jenen nothwendig in den Ab=
grund reißen mußte; er trennte sich von ihm, wie man mir
erzählt hat, mit einem kalten, spöttischen Lächeln auf den Lippen,
ohne daß ihn auch nur die leiseste Regung von Mitleid beschlich.

Bis zum letzten Augenblick spielte er dem Kaiser gegenüber
Komödie. Als die Agenten Napoléon's dem Kaiser Max
eine Note Bazaine's überreichten, in welcher die Nothwendigkeit
der Abdikation nachgewiesen war, erwiderte der Kaiser, mühsam
seine moralische Empörung niederkämpfend:

„Meine Herren, die Erklärung, welche Sie mir mittheilen,
steht nicht im Einklange mit der letzten Meinung des Marschalls.
Lesen Sie", fuhr er fort und zog ein Papier aus der Tasche,
„hier ist eine Depesche, die ich gestern Abends erhalten habe.
Lesen Sie, und Sie werden sehen, daß der Marschall mir er=
klärt, er sei nach reiflicher Ueberlegung überzeugt, daß die einzig
mögliche Lösung der Schwierigkeit mein Verbleiben am Ruder
sei. Er fordert mich auf, auszuharren und den Krieg kräftig
fortzusetzen, indem ich Marquez, Miramon, Mejía und die
übrigen Generale verstärke. Endlich bietet er mir an, mich mit
Waffen zu versorgen, und versichert mich seines Beistandes bis
zum letzten Augenblick der Occupation."

Dieses in den Tuilerien aufgefundene Schriftstück, ein Be=
richt an Napoléon III., der mit den bezeichnenden Worten be=
ginnt: „Die Farce wandelt sich zur höheren Komödie, die in
eine Tragödie ausarten kann" — steht im offenbarsten Wider=
spruche mit der späteren Handlungsweise Bazaine's. Der
Marschall wollte den Schauplatz seiner „ruhmvollen" (!) Thaten,
wie Lachaud in seiner Vertheidigungsrede sagte, nicht verlassen,
ohne eine neue Seite seines Charakters zu enthüllen, dieselbe,
welche später das Verdikt des Kriegsgerichts: „Degradation
und Tod" auf sein schuldiges Haupt herabzog.

Bazaine wurde an seinem Wohlthäter zum Verräther.

Einen Theil der Waffen und Munition, welche mit sich zu nehmen ihm zu beschwerlich war, zerstörte er und vergrub er, trotz des oben angeführten Versprechens und trotzdem er wußte, daß sie Maximilian von dem größten Nutzen waren; einen andern, so mehrere gezogene Kanonen, bot er dem mexikanischen General Porfirio Diaz zum Verkauf an, damit sie ihm gegen den Kaiser dienen sollten.

In einem mir zur Verfügung gestellten Briefe, welchen jener General aus Guadalupe Hidalgo am 3. Mai 1867 an einen Freund richtete, und mit welchem ich bei einer späteren Gelegenheit mich noch eingehender zu beschäftigen gedenke, findet sich folgende Stelle:

„Noch ein andrer Vorschlag wurde mir durch den Ver= mittler Bazaine's gemacht, nämlich ihm 6000 Gewehre und 4 Millionen Zündhütchen abzukaufen. Hätte ich es gewünscht, so würde er mir auch Kanonen und Pulver verkauft haben, aber ich schlug es ab, diesen Vorschlag anzunehmen. Die Intervention und deren Erfolge haben uns die Augen geöffnet, und in Zukunft werden wir vorsichtiger sein, wenn wir mit den Mächten Europas zu thun haben, namentlich mit Frankreich."

Porfirio Diaz handelte hierin als ein Ehrenmann. Er wies mit Entrüstung das schändliche Anerbieten Bazaine's zu= rück. Er verachtete nicht nur den Verräther, er wollte auch aus dessen Verrath keinen Vortheil ziehen.

Den durch Bazaine vollzogenen Verkauf von Kriegsgeräth gesteht auch ein französischer Militärschriftsteller ausdrücklich ein, der bekannte, im vorigen Jahre in Tonkin gefallene Marine= officier Henri Rivière in seinem Buche: „La Marine fran- çaise au Mexique". Er sagt darin: „Marschall Bazaine hatte dem Kaiser Maximilian seinen Palast Buenavista für 100,000 Pesos verkauft" — das ist, wie ich weiter oben be= merkt habe, unrichtig. — „Die Expedition wurde für Frankreich

weniger glänzend liquidirt. Im Augenblick der Abfahrt ver=
kaufte man in Pajo del Macho" — einer nahe Veracruz ge=
legenen Ortschaft — „sechs vollständig aufgezäumte Maulthiere,
145 neue und 79 alte Packsättel in öffentlicher Versteigerung
zu 6 Realen. Das war nicht theuer."

Aus dem angeführten Briefe des Generals Diaz habe ich
jedoch nur des zweiten der ihm von Bazaine gemachten Vor=
schläge Erwähnung gethan. Der erste war noch empörender.
Porfirio schreibt:

„General Bazaine hat mir vor seinem Abzug durch eine
dritte Person angeboten, mir die von den Franzosen besetzten
Städte sowie auch Maximilian, Marquez, Miramon und
Andere auszuliefern, falls ich auf eine gewisse Bedingung einginge,
die ich jedoch zurückwies, weil ich sie nicht für ehrenhaft erachtete."

Will man einen stärkeren Beweis dafür, daß Bazaine ein
elender Verräther war? Dafür, daß, hätte es von ihm abge=
hangen, er den habsburgischen Erzherzog und seine bisherigen
Waffengefährten mit Freude ihren erbitterten Feinden in die
Hand gegeben haben würde, damit diese nach Gutdünken mit
ihnen verführen? Worin jene Bedingung bestand, über welche
Diaz sich nicht weiter ausläßt, ergiebt sich aus einer Erklärung,
die Bazaine nach Erscheinen seines Buches in einem Pariser
Blatt veröffentlichte, um die bezüglich seiner Handlungsweise und
seiner Bestrebungen in Mexiko aufgestellten Behauptungen zu
dementiren.

„Da man mich zwingt", schreibt er, „es zu sagen, so will
ich auseinandersetzen, kraft welcher Instruktionen ich in Mexiko
mit den Gegnern des unglücklichen Maximilian in Unter=
handlungen getreten war, und in welcher Weise der Chef, dem
ich gehorchen mußte" — Napoléon III. — „mir dankte, als,
um die öffentliche Meinung irre zu führen, die Schmeichler allein
mich mit der Verantwortung für das, was wirklich geschehen ist,
belasten wollten."

„In den Tuilerien, den 31. Januar 1866.

„. . . . Sollte etwa Kaiser Maximilian nicht die nöthige Energie besitzen, um nach Abmarsch unserer Truppen in Mexiko zu bleiben, so würde es erforderlich sein, eine Junta zusammen= zuberufen, eine Regierung zu organisiren und durch Ihren Ein= fluß die Wahl eines Präsidenten der Republik zu erlangen, dessen Gewalt sechs bis zehn Jahre dauern müßte.

„Diese Regierung hätte sich, wie es selbstverständlich ist, zu verpflichten, den größten Theil unserer Forderungen an Mexiko zu bezahlen. Gez.: Napoléon."

Paris, den 12. April 1866.

„Ich brauche Ihnen nicht zu sagen, wie sehr ich Sie wiederzusehen wünsche, um Ihnen mündlich meine ganze Dank= barkeit für Ihre Handlungsweise in Mexiko auszudrücken.

Gez.: Napoléon."

Aus diesen beiden Briefen Napoléon's, die ich für authentisch halte, geht indeß nichts weiter hervor, als daß, woran ich persönlich niemals gezweifelt habe — das oben von mir citirte Sprichwort: Wie der Herr, so der Diener — auch um= gekehrt eine Wahrheit enthält. Kann es aber den Schurken Bazaine entschuldigen, daß Napoléon ein ebenso großer Schurke war?

Das ist ein Theil der „ruhmvollen" mexikanischen Ver= gangenheit des Capitulanten von Metz, und noch ist nicht die ganze Geschichte jener unseligen Expedition geschrieben worden.

Die Ex=Kaiserin Carlota hatte wohl Recht, in die größte Wuth zu gerathen, als einmal zufällig der Name Bazaine vor ihren Ohren ausgesprochen wurde. Trotz des Wahnsinns, der ihre Sinne umnachtet, weiß sie, daß er der Mörder ihres Gatten ist.

Es ist leider nur eine poetische Auffassung, welche von der Wirklichkeit in den meisten Fällen Lügen gestraft wird, „daß jede Schuld sich auf Erden rächt". Im Falle Bazaine's scheint sie sich wenigstens theilweise bewahrheitet zu haben. Wenn er auch aus den Kerkermauern der Insel Sainte-Marguerite zu entfliehen vermochte, so büßt er doch wenigstens durch eine ruhmlose Verbannung nicht nur, was er gegen sein Vaterland in Metz verschuldet, er büßt zugleich, was er an Mexiko und dessen beklagenswerthen ephemeren Kaiser verbrochen hat.

Die Mitwelt hat ihr verdammendes Urtheil über ihn gefällt, die Nachwelt, die Geschichte werden es bestätigen.

Nach dieser langen, aber, weil ich ja von mir weniger sprechen will als von Anderen, nothwendigen Abschweifung kehre ich mit meiner Erzählung zu dem Augenblick zurück, wo ich am 17. Mai 1863 nach dem Falle von Puebla auf Befehl Forey's von Armee-Gensdarmen in das Gefängniß abgeführt wurde.

Dort verblieb ich in strenger Haft bis zum Morgen des 20. im Verein mit einigen Officieren des Armeecorps des Centrums, welche am 8. Mai in der Schlacht bei San Lorenzo dem Gegner in die Hände gefallen waren. In der Frühe wurden wir aufgefordert, uns marschfertig zu machen. Meinen Säbel gab man mir zurück, nicht aber den Revolver, der vom Feinde als Kriegsbeute angesehen wurde. Auch mein Pferd mit Sattel und Zaumzeug verblieb im Besitz der Franzosen. Es war nämlich von Forey bestimmt worden, daß sämmtliche gefangene Officiere, vom Obersten einschließlich ab, den Weg nach der Hafenstadt Veracruz zu Fuß zurücklegen sollten, um von dort nach Frankreich deportirt zu werden. Nur den wirklichen und graduirten Generalen wurde gestattet, sich Wagen zu bedienen.

Für Viele von uns war ein so weiter Marsch, in der Gluthhitze des Mai's unternommen, ein beschwerliches Stück Arbeit, am Meisten für die des Gehens ganz ungewohnten Cavallerieofficiere. Ueberdies ist im Allgemeinen der den bessern Ständen angehörende Mexikaner wenig an Fußtouren gewöhnt;

selbst wo es sich nur darum handelt, kurze Wegstrecken zurück=
zulegen, besteigt er sein Pferd. Ich ertrug diese Strapazen
leichter. Die turnerische Vorbildung, welche ich in meiner Ju=
gend genossen hatte, kam mir in diesem Falle gut zu statten.

Die uns zu Theil werdende Behandlung harmonirte wahr=
lich nicht mit dem von Forey gegebenen Versprechen.

Am Nachmittage des 19. hatte er sich, wie mir von Kame=
raden, die bei der Szene anwesend gewesen waren, mitgetheilt
wurde, in das Haus begeben, welches unserm General en chef,
Jesús Gonzalez Ortega, und den übrigen Generalen als
Gefängniß angewiesen worden war, um demselben, wie er sagte,
einen Besuch abzustatten. Bei dieser Gelegenheit ließ er sich die
Letzteren vorstellen und richtete an sie, als sie versammelt waren,
folgende Ansprache:

„Die Uebergabe des Platzes ist eine neue und außergewöhn=
liche gewesen, wie eine ähnliche in den Annalen der europäischen
Kriege sich nicht verzeichnet findet, denn es war keine Uebergabe
nach dem üblichen vorhergegangenen Nachsuchen um Garantien,
ebensowenig eine Capitulation, und deßhalb weiß ich nicht, welchen
passenden Namen ich ihr geben soll. Ich bin der Meinung, daß
Sie Ihre Waffen zerbrochen haben, um sie nicht dem fran=
zösischen Heere auszuliefern, obwohl dieses sehr würdig war, sie
aus den Händen der Vertheidiger des Platzes von Puebla zu
empfangen; das schließt indessen nicht aus, daß jener Akt in
hohem Grade ehrenvoll für Mexiko ist. Sie sind aber, meine
Herren, nicht in die Gewalt Ihrer Feinde gefallen, sondern in
die des französischen Heeres. Ich beabsichtige nur, Sie vom
Kriegstheater zu entfernen, werde jedoch dafür sorgen, daß Ihre
Gefangenschaft Sie so wenig als möglich belästige."

Nun, eine nicht unbedeutende Belästigung war immerhin
schon das mehrtägige Marschiren zu Fuß.

Als wir in geschlossenen Reihen, von französischen Truppen
escortirt, die Stadt verließen, stimmten wir die prachtvolle, von

Francisco Gonzalez Bocanegra verfaßte mexikanische Na=
tionalhymne an, deren Verse glühenden Patriotismus athmen, und
deren Musik an packender Kraft und melodischer Schönheit sich
sehr wohl mit der Marseillaise messen kann.

Der Chor, welcher jede Strophe einleitet und schließt, lautet
im Spanischen:

> „Mexicanos, al grito de guerra
> El acero aprestad y el bridon,
> Y retiemble en sus centros la tierra
> Al sonoro rugir del cañon!"

Zu deutsch, in freier prosaischer Uebersetzung, die freilich die
überschwängliche Poesie des Originals nur unvollkommen wieder=
zugeben vermag:

> „Mexikaner, da das Feldgeschrei ertönt, richtet her den Stahl
> und das Schlachtroß; in seinen Eingeweiden erzittre der Erdball
> beim heiseren Gebrüll der Geschütze!"

Die Musik zu diesem Chor ist folgende:

Me-xi-ca-nos al gri-to de guer-ra el a-ce-ro apres-
tad y el bri-don, y re-tiemble en sus cen-tros la tier-ra, al so-
no-ro ru-gir del ca-ñon. y re-tiemble en sus cen-tros la
tier - - ra al so-no-ro ru-gir del ca-ñon.

Die als Soli gesungenen Strophen haben einen mollartigen
Charakter.

Ich bin überzeugt, daß wenn diese Hymne, ebenso wie viele

andere mexikanische Lieder, in Europa bekannt würden, sie all=
gemeinen Anklang fänden. Ist doch die „Paloma", obgleich sie,
was den Rythmus anbetrifft, in der Regel ganz falsch gespielt
wird, ein beliebtes Concertstück geworden.

Gonzalez Ortega und die übrigen Generale traten erst
am 22. ihre Reise an. Vier von ihnen hatten es inzwischen
verstanden, die Wachsamkeit der französischen Schildwachen zu
täuschen, und waren glücklich entkommen. Unter ihnen befand
sich auch Porfirio Diaz, der später den Franzosen und den
Kaiserlichen sich abermals als ein gefährlicher Gegner erweisen
sollte. Daß auch Gonzalez Ortega selbst bei der Durchreise
durch Orizaba entfloh, habe ich schon mitgetheilt. Alle hatten
ein volles Recht, ihr Heil in der Flucht zu suchen, da kein
Einziger von uns Gefangenen irgend welche Verpflichtung einge=
gangen war.

Die Wagen erreichten uns im Dorfe Acultzingo. An jeder
Kutschenthür gingen zwei Infanteristen; die Vorhut bildete ein
Detachement von zweihundert chasseurs d'Afrique und von
zweihundert Fußsoldaten. Hinter und neben den Wagen mar=
schirte die gleiche Anzahl von Infanterietruppen. Zu beiden
Seiten der Straße waren Tirailleurs ausgesandt, um das Terrain
zu recognosciren und einen etwa geplanten Ueberfall rechtzeitig
zu avisiren und dadurch zu vereiteln.

Wir Uebrigen wurden in gleich strenger Weise bewacht.
Auf das Bestimmteste war uns verboten worden, aus der Reihe
zu treten. Als in dem Städtchen Cañada de Ixtapa ein
Hauptmann der Miliz des Staates Chiapas gegen dieses Verbot
verstieß und einige Schritte sich den Häusern näherte, wurde der
Aermste sofort niedergeschossen. Sein Leichnam blieb in der
Mitte der Straße liegen; die Nachfolgenden mußten über ihn
hinwegsteigen.

Persönlich war ich etwas besser daran als die Mehrzahl
meiner Kameraden. Da ich der französischen Sprache vollständig

mächtig bin, so war es fast unvermeidlich, daß ich mich mit einzelnen Officieren der Escorte in eine Unterhaltung einließ. Diese gewährten mir dann, ohne daß ich darum nachgesucht hätte, größere Freiheit. Auch die Empfehlungskarte des Zuavenhaupt= manns L'Alouette, von welchem ich im vorigen Abschnitt ge= sprochen habe, war mir von Nutzen. Ich durfte bisweilen die dem Zuge folgenden Wagen besteigen, mich nach Belieben von demselben entfernen und sogar in den Ortschaften, in welchen wir rasteten, mir ein bequemeres Quartier aussuchen. Gewiß hatte ich in Folge dieser Vergünstigungen häufige Gelegenheit de prendre la clef des champs. Ich that es jedoch nicht, denn streng genommen, mußte ich mich als unter Ehrenwort stehend ansehen. Dahingegen benützte ich meine Ausnahmestellung, um mehreren Kameraden die Flucht zu erleichtern, so z. B. dem da= maligen Obersten, jetzigen Divisionsgeneral Don Ignacio Ala= torre, den ich die Freude hatte, jüngst in Berlin wiederzusehen. Bisweilen ließ ich mir, angeblich von einem Burschen, eine Ma= tratze aus der den Gefangenen zum Nachtquartier angewiesenen Kaserne heraustragen, um auswärts zu schlafen. Unter der auf dem Kopfe getragenen Matratze verbarg sich aber ein Officier, der dann natürlich nicht zurückkehrte. Einmal hätte das feine Hemde, das einer trug, ihn beinahe verrathen.

Die uns gereichte Verköstigung war eine durchaus unzu= reichende. Wir waren genöthigt, sie aus unseren eigenen, in der Regel sehr spärlichen Geldmitteln zu vervollständigen, und selbst das war nicht immer leicht. Besonders traurig erging es den armen gefangenen Soldaten, die nur bis Orizaba geführt wur= den. Manche von ihnen brachen aus Hunger auf dem Marsche zusammen, und man kümmerte sich nicht um ihre Leiden. Da hatten wir in Puebla die gefangenen Franzosen anders be= handelt!

Anfänglich bestand unsere Begleitmannschaft vorwiegend aus Marine=Infanterie. Eines Tages sahen wir sie durch ein

Detachement mexikanischer Cavallerie ersetzt. Darob entbrannte wilder Grimm in unserer Brust. Ohne Rücksicht auf die Folgen, schleuderten wir ihnen das Wort „traidores" entgegen, und ich selbst richtete im Namen meiner Kameraden die Bitte an den Obersten der Escorte, uns von der Gegenwart jener Leute zu befreien.

„Wir sind und wollen lediglich sein Gefangene der Franzosen, aber nicht von Leuten, die ihr Vaterland verrathen haben."

Merkwürdigerweise wurde mein Gesuch günstig aufgenommen. Die französischen Officiere behandelten überhaupt ihre mexikanischen Bundesgenossen mit der ausgesprochensten Verachtung, und so wurde denn kurzer Hand jene Truppe fortgeschickt. Wir waren um so wüthender über die elenden Reaktionäre, als wir erfahren hatten, daß am Tage nach der Uebergabe von Puebla, am 18. Mai, der Clerus sofort die Glocken sämmtlicher Kirchen ein Freudengeläute — repique — hatte anstimmen lassen, sich, mit seinen reichsten Prunkgewändern angethan, in den Tempeln versammelt und ein feierliches Tedeum gesungen hatte, dem ein Theil der Verräther-Officiere beiwohnte. Ein von Mexikanern celebrirtes Tedeum für die Einnahme einer mexikanischen Stadt durch fremde Truppen!

Ziemlich erschöpft langten wir in Veracruz an. Unsere letzte Escorte bildeten die vom Khedive Ismaïl dem Kaiser Napoléon aus Höflichkeit für die Expedition überlassenen egyptischen Truppen, durchwegs glänzend schwarze, gutgewachsene Kerle in blendend weißen Leinenuniformen, aber, wie man mir mittheilte, ihrer Feigheit wegen völlig untauglich für den Dienst im Felde. Die von jeher sehr patriotische Bevölkerung jener Hafenstadt bewillkommnete uns enthusiastisch mit Vivarufen, Tücherschwenken, Händedrücken und Umarmungen. Von allen Seiten wurden uns Früchte und Cigarren entgegengereicht. Wir mußten uns jedoch unverzüglich auf den Hafendamm begeben und in

vielen Booten einschiffen, die uns nach den beiden nahe der „Opfer=
insel" — isla de sacrificios — vor Anker liegenden Trans=
portdampfern brachten, von denen der eine die Generale und
Stabsofficiere, der andere die übrigen Officiere aufnahm. Einige
Tage vergingen, bis wir unsere Fahrt über den Ozean antraten.
Während dieser Frist waren die Dampfer fortwährend von
Booten umlagert, welche Besucher herbeiführten. Man sprach
uns Trost ein, man überhäufte uns mit Geschenken und suchte
auf alle Weise unser Loos freundlicher zu gestalten und den
Abschied uns zu erleichtern.

Unangenehm berührte mich das Benehmen des damaligen
preußischen Consuls, eines seitdem verstorbenen Herrn d'Oleire
aus Bremen. Während meines früheren Aufenthalts in Vera=
cruz hatte ich viel mit ihm und seiner Familie verkehrt, obgleich
er mir persönlich nie besonders angenehm gewesen war. Bei
der Ankunft begrüßte er mich auch und versprach mir, mich an
Bord aufzusuchen und inzwischen einige Bestellungen, die ich bei
ihm gemacht hatte, auszuführen. Wer aber nicht kam, wer
überhaupt nichts wieder von sich hören ließ, war d'Oleire.
Er fürchtete sich, es mit den Franzosen zu verderben, mit welchen
er gute Geschäfte machte, was freilich ihn nicht vor dem späteren
Bankerott geschützt hat.

Einen wehmüthigen Eindruck erhielt ich durch eine mir
übersandte Nummer einer in der Hauptstadt erscheinenden Zeitung,
worin mein Ausfall aus Puebla beschrieben und hinzugefügt war:
„dem tapferen Oberst Gagern ist es gelungen, mit seinen
Sappeurs die Umwallungslinien des Feindes zu durchbrechen
und glücklich in Mexiko anzukommen."

Ich wußte leider am Besten, wie irrthümlich der zweite
Theil jenes Berichtes war. Immerhin lieferte er den Be=
weis, daß man an die Möglichkeit eines Durchbruchs geglaubt
hatte.

Eines Morgens weckte uns ein ungewöhnlich lautes Lärmen

an Bord. Die Anker wurden gelichtet, die Kanonen gelöst,
und wir dampften davon nach Frankreich hinüber.

Mit einem dreifachen, viel hundertstimmigen viva México!
jagten wir der mexikanischen Küste, als sie am fernen Horizonte
verschwand, Lebewohl.

Janvier de la Motte

und die

Herzogin von Persigny.

～～～～

Es war keine angenehme Fahrt, die zweite, welche ich, dieses Mal in entgegengesetzter Richtung, über den atlantischen Ozean machte. Als ich im Frühling 1852 Europa verließ, um in der neuen Welt die mir in der alten versagte Freiheit zu suchen, da dachte ich nicht, daß ich elf Jahre später als Gefangener in diese zurückkehren würde. Und daß ich es war, das ließ mich und meine Kameraden die Behandlung, welche uns an Bord des französischen Transportschiffes zu Theil wurde, jeden Augenblick sehr fühlbar empfinden.

Die Generale waren verhältnißmäßig besser daran als die Stabsofficiere. Sie speisten an einer besonderen Tafel und hatten je zwei bis vier eine Kabine zu ihrer Verfügung. Wir Uebrigen — die Subalternofficiere befanden sich auf einem anderen Dampfer — mußten uns mit einem gemeinsamen Raum im Zwischendeck begnügen, der an Ausstattung nichts weiter ent= hielt als hölzerne Bänke und Tische. In dem nämlichen Raume schliefen wir in Hängematten, die während des Tages zusammen= gerollt und an der Decke befestigt wurden. Die Kost, welche man uns in den primitivsten zinnernen Gefäßen verabreichte, war schlechter als die den Matrosen gewährte. Namentlich die das Brod ersetzenden Schiffszwiebacke konnte man kaum genießen. Sie waren steinhart, so daß sie erst immer in irgend einer Flüssigkeit aufgeweicht werden mußten, und wenn man sie aus= einanderschlug, wimmelte es häufig in ihnen von Würmern. Eines Tages brach ich mir, als ich unvorsichtigerweise in einen

8*

nicht aufgeweichten Zwieback hineinbiß, meinen ganz gesunden
rechten Augenzahn aus. Der Schiffsmannschaft wagte man diese
galettes nicht mehr anzubieten; für uns gefangene Officiere
wurden sie gut genug befunden. Soweit unsere Geldmittel
reichten — und das war bei der Mehrzahl nicht eben weit —
suchten wir unsere elenden und unzureichenden Mahlzeiten durch
Eintäufe beim Schiffskoch, der ziemlich gut mit Conserven aller
Art versehen war, zu verbessern und zu vervollständigen. Da er
sie uns zu unverschämten Preisen abließ, so machte er dabei ein
brillantes Geschäft, wir freilich ein desto schlechteres. Noch vor
Ende der auffallend langen Reise war ihm übrigens sein ganzer
Vorrath ausgegangen; halb verhungert langten wir an der Küste
der Bretagne an.

Der Unterschied, welcher zwischen den Stabsofficieren und
den Generalen zu Gunsten der letzteren gemacht wurde, berührte
mit Recht Manchen von uns peinlich, da unter Jenen sich auch
sogenannte graduirte Generale befanden, deren wirkliche Charge
oft eine geringere war als die von Einzelnen von uns bekleidete.
So hatte z. B. General Gonzalez Ortega einem der Miliz
seines Staates Zacatecas angehörenden Oberstlieutenant während
der Belagerung von Puebla kraft der ihm von der Regierung
ertheilten Vollmacht den Grad eines Generals verliehen, und
das genügte für denselben an Bord und auch später in der
Kriegsgefangenschaft in Frankreich, sich aller derjenigen Vergünstigungen zu erfreuen, die z. B. mir, der ich damals schon
Ingenieuroberst war, und anderen Kameraden gleicher Kategorie
versagt wurden.

Mit den französischen Marineofficieren verkehrten wir beinahe gar nicht, seitdem der Kapitän mehrere von uns erhobene,
in jeder Hinsicht gerechte Klagen ziemlich barsch zurückgewiesen
hatte mit der Erklärung, er befolge genau die ihm vom General
Forey schriftlich ertheilten Instructionen. Nur dem ersten
Lieutenant, einem hagern, fast kahlköpfigen Manne, dessen ernstes,

sinnendes, schwermüthiges Wesen mir aufgefallen war, trat ich
näher, seitdem ich eines Tages in seinen Händen einen Band
des „Cours de philosophie positive". von dem sechs Jahre
früher verstorbenen Auguste Comte, erblickt und daran anknüpfend
mich in eine Unterhaltung über die mir wegen ihrer Bekämpfung
jedweder Metaphysik zusagende Lehre jenes Philosophen mit ihm
eingelassen hatte, die von Stuart Mill, Buckle, Lewes und Andern
vielfach berücksichtigt und neuerdings von J. H. von Kirchmann in's
Deutsche übersetzt worden ist.   Der erste Officier war ein be=
geisterter Anhänger Comte's.   Nur widerwillig versah er seinen
monotonen Dienst.   Jeden freien Augenblick benutzte er zum
Studium seines Lieblingsschriftstellers, und als er bald erkannte,
daß auch ich Interesse dafür zeigte, und wir allmälig vertrauter
mit einander geworden waren, machte er mir gegenüber kein Hehl
aus seiner Abneigung gegen die damals in seinem Vaterlande
herrschenden Zustände und erzählte mir zahlreiche Beispiele von
der entsetzlichen Corruption, welche von Napoléon III. absicht=
lich genährt und systematisch als Mittel zur Knechtung des fran=
zösischen Volkes angewendet wurde.

Um uns mit Kohlen zu versehen, liefen wir im Hafen
Georgetown auf der im englischen Besitze befindlichen, mitten im
Ozean, etwa tausend Kilometer vom Cap Hatteras entfernt
liegenden Inselgruppe der Bermudas an.   Diese Gruppe besteht
merkwürdigerweise aus gerade ebenso vielen Inseln und Inselchen,
als es Tage im Jahre giebt, nämlich aus 365, von denen je=
doch allein neun bewohnt sind, während die Mehrzahl der übrigen
mehr den Namen von Klippen verdient.   Es sind mit spärlicher
Vegetation versehene Korallengebilde, die nördlichst gelegenen, die
es überhaupt giebt.   Die Engländer haben nun diese als Flotten=
station und bei einem eventuellen Kriege gegen die Vereinigten
Staaten von Amerika strategisch wichtige Colonie — „das Gi=
braltar des Westens" — so meisterhaft zu verwerthen verstanden,
daß ihr bloßer Anblick schon ein erfreulicher ist.   An den dünn=

bewaldeten Uferabhängen der nur wenig über die Meeresfläche hervorragenden Inseln ziehen sich in langer Reihe freundliche, von Parts umgebene, hauptsächlich von Beamten und Officieren bewohnte Villen hin. Die Festungswerke, wenn auch, weil aus weichem Gestein aufgeführt, wenig widerstandsfähig, waren, so weit ich es von Bord aus beurtheilen konnte, in gutem Stand gehalten, die Häuser der verschiedenen Ortschaften durchwegs sauber, viele der unzähligen engen, schwer zugänglichen Kanäle mit festen Quais eingesäumt, und die Bewohner, der Mehrzahl nach farbiger Abstammung, reinlich und geschmackvoll gekleidet.

Unser Schiff lag so hart an einem der Quais, daß man mit einem Sprunge diesen zu erreichen vermochte. Kaum hatten wir früh Morgens Anker geworfen, so strömte eine bunte Menge von Verkäufern und Verkäuferinnen an Bord, alles Mögliche feilbietend und guten Absatzes sicher. Außer andern für des Leibes Nothdurft nöthigen Gegenständen versahen wir uns mit Kartoffeln und Zwiebeln, Beides Produkte, wie ich sie besser und schmack= hafter an keinem andern Orte der Erde gefunden habe. Auch wird damit ein nicht unbedeutender Exporthandel nach den Ver= einigten Staaten getrieben. Unter den Personen, die uns an Bord besuchten, befanden sich mehrere englische Officiere der Garnison, die in ihren engen rothen Jacken und winzig kleinen Mützen ganz schmuck ausschauten. Ich merkte bald, daß zwischen ihnen und den französischen Officieren geringe Sympathie herrschte; desto liebenswürdiger waren sie gegen uns Gefangene, speciell gegen mich, da ich mit ihnen in ihrer Muttersprache plaudern konnte. Namentlich Zwei von ihnen, junge, charmante Leute, schlossen sich schnell an mich an. Nachmittags kamen sie wieder, um mich einzuladen, mit ihnen ein Glas Wein zu trinken. Da dies an Bord geschehen mußte, hatten sie einige Flaschen mit= gebracht. Während wir, wie ich annahm, ziemlich unbemerkt inmitten des allgemeinen Wirrwarrs im Zwischendeck unsere mit feurigem Sherry gefüllten Gläser leerten, flüsterte der Eine der

Officiere mir zu, ich möchte doch den Versuch machen zu entfliehen. Es genüge, daß ich einen Fuß auf englischen Grund und Boden setze, um frei zu sein. Keinerlei Reclamation seitens der Franzosen würde berücksichtigt werden. Natürlich war ich sehr geneigt, ihren Vorschlag anzunehmen. Wir näherten uns alle Drei, nach vorher getroffener Verabredung, dem Rande des Schiffes; ich ging in der Mitte. Der eine Officier verließ dasselbe, nachdem er mir die Hand geschüttelt, und sprang an den Quai. Eben wollte ich ihm folgen, während der zweite englische Officier mir als Rückendeckung diente, da — standen plötzlich an meiner Seite mehrere französische Marineofficiere, anscheinend zufällig, und verwickelten mich in ein Gespräch. Wenige Augenblicke später läutete die Schiffsglocke. Die Kohlen waren eingenommen. Alle Besucher mußten das Schiff verlassen. Ich aber blieb auf ihm zurück. Mein Fluchtversuch war vereitelt. Wahrscheinlich war unsere Unterhaltung, obgleich englisch geführt, von einem dieser Sprache Kundigen belauscht worden. Schiffswände haben ausnehmend feine Ohren. Mit traurigem Kopfschütteln verabschiedete sich der andere englische Officier von mir. Es hatte nicht sein sollen.

Endlich nach mehrwöchentlicher, von Tage zu Tage widerwärtiger werdenden Fahrt fuhren wir an zahlreichen, wild gestalteten Inseln und Klippen vorüber, durch eine schmale, vielfach gewundene Meerenge — goulet —, unter dem auf hohem Felsen thronenden Schlosse Brethume, der alten Residenz der Herzoge der Bretagne, hin, in den starkbefestigten, prachtvollen Kriegshafen Brest, den stärksten Frankreichs, ein, doch nur um daselbst eine dreitägige Quarantaine abzuhalten. Dann verließen wir wieder diese weite Rhede, um längs der phantastisch ausgezackten Südküste der Bretagne die Fahrt nach Lorient fortzusetzen, woselbst unsere Ausschiffung erfolgte.

Der Abschied von Bord wurde Keinem von uns schwer. Ich hatte, an meinen früheren Aufenthalt in Frankreich zurück-

denkend, meinen Kameraden so Vieles und Schönes von der
französischen Liebenswürdigkeit erzählt; bis jetzt hatten sie ein
Recht gehabt, an meinen Mittheilungen zu zweifeln. Gemeine
Soldaten hätten nicht rücksichtsloser behandelt werden können als
wir höhere Officiere, sowohl auf unserm Marsche von Puebla
nach Veracruz als während der langen Ueberfahrt. Ich ver=
tröstete sie auf unsere Ankunft in Frankreich; dort würde sich
Alles besser gestalten. Thatsächlich geschah es so.

Als Vertreter der französischen Regierung nahm uns der
durch seine hartnäckige, wenn auch erfolglose Vertheidigung von
Straßburg berühmt gewordene, vor etwa drei Jahren in Paris
verstorbene General Uhrich in Empfang. Er erklärte uns, daß
wir in verschiedenen Städten, Evreux, Lyon, Blois und Bourges
internirt werden, innerhalb des Weichbildes derselben aber auf
Ehrenwort frei sein würden. Wir hatten selbstverständlich keinen
Grund mehr, ein solches zu verweigern. Die Gruppirung nach
Kategorien, so nämlich, daß den Generalen die erstgenannte jener
Städte, den Stabsofficieren die zweite und den Subaltern=
officieren die beiden anderen zugewiesen wurden, war entschieden
falsch. Ich schlug auch vor, man möge lieber in jeden Ort
Officiere aller Chargen senden und diese dem Befehl des Höchst=
graduirten aus unserer Mitte unterstellen; mein Vorschlag wurde
jedoch nicht angenommen. Mich persönlich, obgleich ich nur
Oberst war, und einige andere Officiere designirte man zusammen
mit den Generalen nach Evreux, der reizenden Hauptstadt des
Departements de l'Eure.

Als Uhrich meinen Namen auf der ihm vorliegenden Liste
verlas, und ich mich ihm vorstellte, redete er mich — er war
ein Elsässer — deutsch an. Meine Bitte, mich nicht sofort,
nachdem er mir meine feuille de route eingehändigt hatte, auf
den Weg zu machen, sondern noch einen Tag in Lorient bleiben
zu dürfen, bewilligte er ohne Weiteres. Mir lag daran, mich
möglichst unbemerkt an meinen Bestimmungsort zu begeben, und

ich freute mich um so mehr, dies erlangt zu haben, als, wie mir meine Kameraden später erzählten, um ihren Empfang in Evreux zu sehen, ein großer Theil der Bevölkerung zusammen= geströmt war, als ob es sich um die Ankunft von merkwürdigen ausländischen Thieren oder etwa, setze ich hinzu, von Kalmücken, Singhalesen oder Araukanern handelte, wie solche im vergangenen Jahre im zoologischen Garten zu Berlin ausgestellt wurden. Die Mehrzahl der Franzosen, darunter ganz gebildete Leute, hielten nämlich die Mexikaner für halbwilde Barbaren.

So trat ich denn meine Reise erst am folgenden Morgen allein an und fiel nur durch meine fremde Uniform, die übrigens mit der französischen viel Aehnlichkeit hat, auf. Unterwegs rastete ich zuerst in Auray, um mir die berühmte Kapelle der heiligen Anna, der Schutzpatronin der Bretagne, anzuschauen. Zwei vornehme französische Damen, Mutter und Tochter, welche gerade dort ihre Andacht verrichteten und auf ihre Frage von mir er= fuhren, wer ich sei, schenkten mir, von Mitleid ergriffen, eine kleine silberne Statuette jener Heiligen, die mich vor fernerem Unglück bewahren würde. Vielleicht verdanke ich ihr es, daß ich, obwohl erst nach zwei Jahren, nach Mexiko zurückkehren konnte, um von Neuem mich an dem Kriege zu Gunsten der Wiederherstellung der republikanischen Institutionen in meinem Adoptivvaterlande zu betheiligen. Sonderbar wäre es freilich ge= wesen, daß eine Heilige mir vom Himmel herab zu diesem Zweck ihren Schutz hätte angedeihen lassen sollen, galt es doch, zugleich mit der Restauration jener Institutionen, die durch die Einsetzung Maximilian's zeitweilig unterbrochene Vernichtung des kleri= kalen Einflusses zu bewerkstelligen! Auch in Le Mans hielt ich mich auf, um an Ort und Stelle eine der fetten Poularden zu verzehren, denen jene Stadt ihren Ruf unter den Gastronomen verdankt.

Evreux liegt in einem vom Flüßchen Iton durchströmten, lieblichen, von echt normannischer Fruchtbarkeit strotzenden Thale

und ist von Paris in etwas über zwei Stunden mit der Eisen=
bahn zu erreichen. Zum Theil alterthümlich gebaut, war die
Stadt einst die Residenz eines Königs, Louis des Heiligen, dessen
Palast heute als Hospital dient. Die in gothischem Style auf=
geführte Kathedrale zeugt von edelstem Geschmack und nimmt
sich sehr stattlich aus mit ihren reichverzierten Portalen und den
zwei ungleichen Thürmen. Schon zur Zeit der Römer spielte
Evreux eine Rolle, später vorübergehend eine noch glänzendere
unter den normannischen Herzogen.

Präfekt des Eure=Departements war damals, 1863 und
1864, der vielfach, wenn auch selten vortheilhaft genannte
Janvier de la Motte.

Unser erster amtlicher Besuch galt aber nicht ihm, sondern
dem commandirenden General La Charrière, unter dessen
direkte Aufsicht wir gestellt wurden. Von untersetzter Gestalt
und wenig vornehmem Aussehen empfing er uns höflich aber
kühl. Bei späteren Gelegenheiten ging er uns gegenüber sogar
nicht selten bis zu einer verletzenden brusquerie. Kurz theilte
er uns das Reglement mit, dem wir uns zu unterwerfen hätten.
Innerhalb der Stadt und eines Umkreises von einem Kilometer
durften wir uns frei bewegen. Um weitere Ausflüge zu machen,
mußten wir ein schriftliches Gesuch einreichen mit genauer Angabe
des Ortes, wohin wir uns zu begeben wünschten, sowie der Zeit,
welche wir abwesend zu bleiben gedachten. Fast niemals wurde
ein derartiges Gesuch abschläglich beschieden, und ich benutzte die
mir auf diese Weise gebotene Gelegenheit, um einen Theil der
Normandie, auch deren berühmte, um jene Zeit schon theilweise
nach dem Vorbilde von Paris „hausmannisirte" Hauptstadt Rouen
kennen zu lernen und mir dort den altgothischen Urthurm anzu=
schauen, wo die später auf dem Marktplatz als Ketzerin verbrannte
Jungfrau von Orleans gefangen gesessen hatte, sowie die Bildsäule
von Pierre Corneille auf der großartigen Seinebrücke und die des
Componisten der „weißen Dame", Boieldieu. Für eine Reise nach

Paris war eine Specialerlaubniß des Kriegsministers erforderlich;
ich suchte aber nur selten um eine solche nach. Wöchentlich
zweimal hatten wir uns in der Gensdarmeriekaserne einzufinden
und in einem dort aufgelegten Buche unsere Namen als présent
einzuzeichnen. Die Generale waren von dieser immerhin lästigen
Förmlichkeit dispensirt.

Was den Gehalt anbetrifft, waren wir in drei Kategorien
getheilt. Die Generale erhielten monatlich 250 Francs, die
Stabsofficiere 200, die Subalternofficiere 100. Unsere Re=
gierung war leider beim besten Willen nicht in der Lage, uns
pekuniär zu unterstützen; sie selbst hatte fortwährend mit den
größten financiellen Schwierigkeiten zu kämpfen. Sogar Präsi=
dent Juarez und seine Minister mußten sich großen Einschrän=
kungen unterwerfen. Nach dem Triumphe der republikanischen
Sache wurden jedoch die Rückstände zum größeren Theile be=
glichen. Einmal war in einzelnen Städten Mexikos eine Geld=
sammlung für die in Frankreich gefangenen Officiere veranstaltet
und deren Ergebniß dem General Mendoza, welchem allein
gestattet war, in Paris zu wohnen, zur Vertheilung unter uns
übermittelt worden. Mendoza aber, der, wie er überhaupt eine
zaghafte Natur war, sich zu compromittiren fürchtete, wenn er
zu diesem Zwecke in direkten Verkehr mit uns träte, zog es vor,
die ganze Summe dem französischen Kriegsminister zu übermachen,
damit derselbe nach Gutdünken darüber verfüge. Dadurch wurde
die Absicht der wackeren mexikanischen Patrioten zum Theil
vereitelt.

Mit 200 Francs monatlich war es nicht leicht, einiger=
maßen anständig, sei es auch nur in einer Provinzstadt von
Frankreich, zu leben, und Viele von uns waren ausschließlich
darauf angewiesen. Das Leben in Evreux war übrigens nicht
theuer. Trotzdem mußten Diejenigen unter uns, welche keine
Extrazuschüsse erhielten, sich mancherlei Entbehrungen auferlegen.
Theilweise um meine Einnahmen zu vermehren, andererseits um

eine bestimmte und anregende Beschäftigung zu haben, nahm ich
den mir von dem beiläufig freisinnigen und anti=napoleonisch
gesinnten Direktor der in Evreux bestehenden Gewerbeschule ge=
machten Vorschlag an, Unterricht, speciell in der englischen
Sprache, in dem Institute zu ertheilen, und erzielte sehr günstige
Erfolge. Als ich ein Jahr später Evreux verließ, wurde mir
von jenem Direktor ein in den schmeichelhaftesten Ausdrücken
abgefaßtes Zeugniß ausgestellt, und meine Schüler, deren Liebe
ich mir zu gewinnen verstanden hatte, begleiteten mich in corpore
bis zum Bahnhof.

Nach unserer ersten Audienz beim General La Charrière
zogen wir sämmtlich, seiner Aufforderung folgend, zur Prä=
fektur.

Dort war der Empfang ein besonders feierlicher. Janvier
de la Motte hatte sich in große Gala geworfen und erwartete
uns in dem reich dekorirten Amtssaale, vor dem lebensgroßen
Bilde des Kaisers stehend.

Er war zu jener Zeit ein Mann von vierzig Jahren, eine
hübsche, elegante Erscheinung, mittelgroß, mit feinen, etwas ver=
lebten Zügen, aalglatten Manieren und schlangenhaften Be=
wegungen: der Typus eines Höflings und viveur. Um seinen
durch einen weichen, dunkeln Schnurrbart beschatteten Mund
spielte fast unaufhörlich ein halb zuvorkommendes, halb spöttisches
Lächeln. Die müden Lider waren in der Regel gesenkt; wenn
er sie aber aufschlug, blitzte unter ihnen ein pfiffiges Augenpaar
hervor. Die ganze Persönlichkeit flößte wenig Vertrauen ein.
Bei jedem Worte merkte man Janvier de la Motte an, daß
er die Sprache hauptsächlich zum Verbergen seiner Gedanken ge=
brauchte, daß er mit allen Hunden gehetzt und zu allen Schlechtig=
keiten bereit war, so bald nur dabei die äußeren gesellschaftlichen
Formen gewahrt blieben.

Mit theatralischer Nonchalance, den Kopf leicht zurückgebeugt,
mit der rechten Hand an den Breloques seiner Uhr spielend und

mit der linken seine in leisem Tone an uns gerichtete Ansprache
durch wenige Gesten begleitend und accentuirend, bewillkommnete
er uns in „seiner" Stadt. Er sei glücklich, daß gerade sie für
unseren, hoffentlich nur kurze Zeit dauernden Aufenthalt gewählt
worden sei, wünschte, daß wir uns bald heimisch in ihr fühlen
möchten, und bat uns, in jeder Verlegenheit uns an ihn zu
wenden; wir würden ihn stets bereit finden, uns gefällig zu sein.

Nach diesem officiellen speech ließ er sich mit Einigen
von uns, so auch mit mir, in eine längere Unterhaltung ein,
erkundigte sich angelegentlichst, ob wir mit unseren Wohnungen
zufrieden seien, und gab uns Andeutungen, wie wir unsere
Existenz möglichst angenehm gestalten könnten. Als ich die Prä-
sektur verließ, mußte ich mir selbst eingestehen, daß ich selten
einen äußerlich liebenswürdigeren Menschen kennen gelernt hatte.
Während meines späteren häufigen Verkehrs mit ihm hat sich
dieser erste Eindruck nicht im Mindesten abgeschwächt, im Gegentheil! Nur erkannte ich immer deutlicher, daß Janvier de la
Motte gleichzeitig ein vollendeter roué, ein vollkommener vau-
rien war, wie es deren so viele in der französischen Beamten-
welt zur Zeit des zweiten Kaiserreichs gab, speculirte doch Louis
Napoléon, um seine Herrschaft zu festigen — und fast aus-
nahmslos mit Erfolg — immer auf die schlechtesten Leidenschaften in der Brust des Menschen, und fesselte er doch gerade
hierdurch die einmal gewonnenen Anhänger an seine Person!

„Außer der militärischen und der politischen Gewalt", sagte
Janvier de la Motte, indem er uns mit anmuthiger Hand-
bewegung verabschiedete, „giebt es im Staate noch eine dritte,
die auch in dieser Stadt ihren Vertreter besitzt, und zwar einen
der größten Hochachtung würdigen Mann; ich meine, die kirch-
liche. Ich glaube deshalb, meine Herren, Sie würden nur eine
Pflicht der Höflichkeit erfüllen, wenn Sie auch dem hochwürdigsten
Bischof von Evreux Ihre Aufwartung machen wollten, und zweifle
nicht, daß er sehr erfreut sein wird, Sie bei sich zu begrüßen."

Notabene, Janvier war, wie ich später Gelegenheit hatte
zu erkennen, eingefleischter Voltaireaner und erging sich en petit
comité in den cynischsten Witzen über die Kirche und ihre
Diener. Diderot's „Religieuse" und „Les bijoux indiscrets"
sowie Parny's „La guerre des Dieux anciens et modernes"
waren seine Lieblingsbücher.

Selbstverständlich begaben wir uns unverzüglich in den aus
dem fünfzehnten Jahrhundert stammenden, architektonisch inter=
essanten Palast des Prälaten. Von jeher habe ich eine gewisse
Vorliebe für die höheren Geistlichen der katholischen Kirche ge=
habt; es läßt sich in der Regel sehr gut mit ihnen umgehen,
namentlich mit den französischen. Fast durchgehends zeichnen sie
sich durch feines Benehmen und savoir-vivre aus, tragen selten
eine den Andersgläubigen verletzende Intoleranz zur Schau und
besitzen häufig ein ausgebreitetes Wissen. So auch der damalige
Bischof von Evreux, dessen Name mir leider entfallen ist. Er
war eine hohe, schlanke Gestalt von bezaubernder Anmuth, ließ
sich gern auch auf seinem Berufe fern liegende Gesprächsstoffe
ein und bewahrte in seinen Diskussionen mit mir — ich be=
suchte ihn, seiner Einladung folgend, oft — stets eine wohl=
thuende Milde des Urtheils, wie entgegengesetzt auch unsere An=
sichten sein mochten. Er war es, der mir das damals gerade
erschienene „Leben Jesu" von Renan lieh, und spaßhaft mußte
es sich anhören, wie wir, er von der rechten, ich von der linken
Seite, er als orthodoxer Katholik, ich als überzeugungstreuer
Atheist, über den Verfasser und sein Buch herfielen, weil er ihm
viel zu weit, mir lange nicht weit genug gegangen. Obgleich
ich an der bischöflichen, übrigens sehr gut besetzten Tafel beinahe
immer der einzige Nicht=Cleriker war, so unterhielt ich mich doch
auf das Beste. Auch unter der hohen Geistlichkeit von Mexiko
hatte ich manche Freunde. Mit den glattgescheitelten, augen=
verdrehenden, salbungsvollen, buchstabengläubigen, muckerischen,
beschränkten und rücksichtslos absprechenden Superintendenten,

Oberjuperintendenten, Hof= und Oberhofpredigern der evan=
gelischen Kirche vermochte ich jedoch nie auch nur eine Viertelstunde
zusammen zu sein, ohne mich gründlich zu langweilen und schwer
zu ärgern.

Daß ich trotz meiner Vorliebe für den Bischof von Evreux
noch lieber das gastliche Haus Janvier's de la Motte fre=
quentirte, wird Niemanden Wunders nehmen. Das Präfektur=
gebäude war im Innern auf das Reichste ausgestattet, es lag,
obgleich in der Stadt, inmitten eines herrlichen, von schattigen
Bäumen gebildeten Parks oder Gartens, den ein munterer, silber=
heller Bach durchfloß. Die Gesellschaft, welche sich dort ver=
sammelte, war lustig, witzig, von specifisch französischem esprit
und specifisch gallischer Ungenirtheit, zugethan den gaudrioles,
leicht, sehr leicht sogar, aber — amüsant im höchsten Grade.
Man erzählte sich, des Präfekten Amtswohnung diene bisweilen
hochgestellten Pariser Staatsmännern als Absteigequartier für
ihre kleinen galanten Abenteuer, gleichsam als petite maison,
und manche Orgien seien zu später nächtlicher Stunde darin ge=
feiert worden. Unwahrscheinlich ist es nicht. Janvier de la
Motte war ganz der Mann dafür.

Als Sohn eines Präfekten des ersten Kaiserreichs geborener
Bonapartist, trat er jung in die Verwaltungslaufbahn ein.
1850 schon wurde er zum Unterpräfekten von Saint=Etienne
ernannt; sechs Jahre später übernahm er die wichtige Präfektur
des Eure=Departements. Seine Kunst, die Wahlen im „guten
Sinne" zu beeinflussen — sogar die in dieser Hinsicht wahrlich
nicht ungeschickten preußischen Landräthe hätten noch Manches
von ihm lernen können — machte ihn zum Liebling der Tuile=
rien. Mehr denn einmal unterstützte ihn Louis Napoléon
mit namhaften Beträgen aus seiner Privatkasse. Janvier war
nämlich ein maßloser Verschwender. Auf ihn paßten nicht die
Worte, welche ein römischer Schriftsteller den Beamten in den
Mund legt: „hic vivimus ambitiosa paupertate omnes" —

hier leben wir Alle, vom Ehrgeiz erfüllt, in der Armuth.
Trotz des guten Gehalts und vielfacher, mehr oder minder
legitimer Nebeneinnahmen war er fortwährend court d'argent.
1864 reichte er plötzlich seine Entlassung ein. Auf die Frage des
Kaisers, was ihn zu diesem Schritte bewege, erwiderte er, mit
geheuchelter Reue ein pater peccavi stammelnd, daß er 200,000
Francs Schulden habe und unter dieser Last außer Stande sei,
seine Stellung mit der nöthigen Würde zu behaupten. Nach
einigen Pourparlers wurden auch diese Schulden aus der kaiserlichen Schatulle bezahlt. Leute wie Janvier blieben eben unent-
behrlich für eine Regierung wie die des dritten Napoléon.

Liebenswürdigkeit und gute Laune waren die besten Eigenschaften, welche Janvier de la Motte zierten. Während
meines Aufenthalts in Evreux lernte ich fast allein diese kennen,
und darum ist mir die Erinnerung an jene zweite Auflage des
einstmaligen Königs von Westphalen mit seinem sprichwörtlich
gewordenen Lebensmotto: „Morgen wieder lustik!" keine unan-
genehme. Jedenfalls war es mir interessant, näheren Umgang
zu pflegen mit einem napoleonischen préfet à poing, der, den
Intentionen der Regierung entsprechend, wohl jede liberale
Velleität in der Bevölkerung mit starker Faust niederzuhalten
verstand, dabei aber stets diese Faust mit einem echten gant
Jouvin bekleidet hatte. Ein gefügiges und geschicktes Werkzeug
in der Hand des Meisters und auf dessen Befehl zu jedem
Willkürakte bereit, war er doch zugleich fähig, gute Handlungen
zu begehen, vorausgesetzt, daß sie seiner Carrière nicht schadeten,
und that viel für den materiellen Aufschwung des Departements.
Bis zur Grenze, wo die Politik anfing, huldigte er dem „leben
und leben lassen".

Obgleich verheirathet und Vater von mehreren Kindern, lebte
er doch damals in Evreux getrennt von seiner Familie und
führte die ungenirte Existenz eines Junggesellen. Er galt als
Kenner und Schätzer der weiblichen Schönheit, gleichviel ob das

bescheidene Jaconnetkleid der Grisette oder die seidene Robe einer
Herzogin sie deckte, und schwärmte für die Epoche der Régence
sowie für den parc aux cerfs Ludwig's XV., den man, an=
statt ihm den Beinamen „le bienaimé" zu geben, treffender als
bienaimant hätte bezeichnen sollen.

Von einem deutschen Duodez=Fürsten wurde einmal gesagt,
er sei in Wahrheit der „Vater seiner Landeskinder". In ähn=
lichem Sinne war Janvier de la Motte reich, überreich an
Vaterfreuden in seinem Regierungsbezirke. Wo immer ein
hübsches Lärvchen auftauchte, machte er sofort Jagd darauf. Mit
vielen schmucken Mädchen und jungen Frauen aus dem Volke
sowie aus dem niederen Bürgerstande in Evreux und Umgegend
stand er auf vertrautestem Fuße. Seine „Leutseligkeit" in dieser
Hinsicht war sprichwörtlich geworden. Und da er jede ihm ge=
währte Liebkosung generös bezahlte — wofür gab es denn eine
gut gefüllte Präfekturkasse und im Hintergrunde, in den Tuile=
rieen, einen Herrscher, der für etwaige Schulden seiner Ange=
stellten bereitwillig aufkam und etwaige zu tiefe Griffe in jene
Kasse mit dem Mantel der christlichen Liebe bedeckte?' — so
wurden ihm solche ausgiebig zu Theil.

Als Josef II. von Oesterreich einmal gebeten wurde, die
Errichtung öffentlicher Häuser in der Haupt= und Residenzstadt
zu gestatten, soll er geantwortet haben:

„Wozu? Macht's a Glasdach über Wien, da habt Ihr's!"

Auf Evreux konnten diese Worte während der Epoche der
Janvier'schen Verwaltung passende Anwendung finden.

Bei seinen Liaisons, die durchgehends sehr vorübergehender
Natur waren, bewies er ein beispielloses sans-gêne. Eines
Abends — es war der 25. Oktober — nach einem copiösen
Diner bat er mich und die übrigen Gäste, mit ihm zusammen
den Ball zu besuchen, der im Theater von der Schusterinnung
zu Ehren ihres Schutzpatrons, des heiligen Crispinus, ver=
anstaltet war. Anfänglich begnügte sich der Präfekt, dessen An=

wesenheit von den Versammelten als hohe Ehre angesehen wurde,
dem Tanze zuzuschauen und hie und da einer schönen Schuster=
frau oder Schustertochter ein Schmeichelwort zuzuflüstern oder
ihr die Wange zu streicheln. Plötzlich aber erblickte er in einer
Quadrille ein besonders niedliches Mädchen. Schnell entschlossen
forderte er die Kleine zum Tanze auf, und nach wenigen Mi=
nuten erblickte ich ihn mit dem ganzen chic des père Picard,
der Berühmtheit des bal Mabille, den extravagantesten Cancan
vollführen, den ich jemals gesehen habe: den Hut weit in den
Nacken zurückgeschoben, die Arme schlotternd am Leibe herab=
hängend, die Füße hoch in die Luft schleudernd, den Körper
indecent verdrehend und bei jeder Bewegung mit den Augen ver=
ständnißvoll zwinkernd.

Was würde man in einem anderen Lande, z. B. in Preußen
sagen, wenn in solcher Weise der Oberpräsident oder der Re=
gierungspräsident sich vor seinen Untergebenen zeigte! Und das
Merkwürdigste war, daß diese Ausgelassenheit die Autorität des
Präfekten nicht beeinträchtigte. Tags darauf, in seinem Amts=
lokal thronend, war Janvier ganz wieder die oberste Behörde
des Departements, und alle Welt leistete ihm willig Gehorsam.
So wälzen sich griechisch=orthodoxe Geistliche coram populo voll=
trunken in der Gosse — ich selbst habe solchen Scenen in Bulgarien
beigewohnt — doch darum werden ihnen am nächsten Morgen
nicht minder ehrfurchtsvoll von den Gläubigen die Hände geküßt.
Hier heißt es wirklich: das Kleid macht den Mann, nicht die
darunter steckende Person.

Sehr anregend waren die kleinen déjeuners dinatoires,
die Janvier de la Motte zu geben liebte. Er befolgte dabei
streng die altrömische Regel, nie unter der Zahl der Grazien,
noch über der Zahl der Musen einzuladen. Die Speisen waren
der Auswahl und Zubereitung nach ausgezeichnet, die Weine
vom besten crû; besonders mundete mir ein cydre mousseux,
den er in seinem Keller hatte. Die Ausstattung der Tafel, was

Geschirr, Silber und Blumen anbetrifft, war eine künstlerische,
die Unterhaltung, namentlich nachdem man das Dessert aufgetragen
und die Diener sich zurückgezogen hatten, eine zwanglose und
pikante. Janvier selbst war einer der geistreichsten causeurs.
Die chronique scandaleuse des Pariser Hofes, welche er
auf das Genaueste kannte und ungenirt zum Besten gab, er=
öffnete mir eigenthümliche Einblicke in die französische Gesellschaft
jener Epoche. Dort sah ich oft den 1877 verstorbenen Herzog
von Albufèra, der mit einer Tochter des Berliner Banquier
Schickler verheirathet war, eine dicke, wulstige Fleischmasse,
hinter welcher sich jedoch ein scharfer Geist versteckte, Sohn des
Marschalls Suchet, den Napoléon I. wegen der gewandten Füh=
rung des spanischen Feldzugs und die Gefangennehmung eines
englischen Admirals zum Herzog dieses Namens erhoben hatte.
Der Sohn war ein gourmand, während sein Freund Janvier
auf den Namen eines gourmet Anspruch erheben könnte. Bei=
läufig ist vor ganz kurzer Zeit auch die alte Mutter jenes Her=
zogs, die letzte Marschallin des ersten Kaiserreichs, aus dem
Leben geschieden, nachdem sie das seltene Alter von 95 Jahren
erreicht und bis zu ihrem Ende eine erstaunliche geistige Frische
bewahrt hatte. Sie war durch ihre Mutter mit Bernadotte,
König von Schweden, und mit König Joseph Bonaparte von
Spanien verwandt. Außer Albufèra verkehrten dort andere
Größen des zweiten Kaiserreichs, Minister und Ex=Minister,
auch der von Alphonse Daudet in seinem Romane „Der Nabob"
verewigte Herzog von Morny, mit dem ich jedoch zufällig nie=
mals zusammengetroffen bin. Freimüthige Bemerkungen über
die mexikanische Expedition durfte ich mir übrigens gern erlauben.
Auch machte man kein Hehl daraus, daß die ganze Geschichte
aus einer Finanzspekulation hervorgegangen sei, obwohl ihr später
eine weittragende politische Bedeutung beigelegt wurde. Im All=
gemeinen vermied man es jedoch, sich mit so ernsten Fragen zu
beschäftigen.

Großen Ruf hatten die Bälle, welche Janvier de la
Motte bisweilen in der Präfektur gab. Die geſammte napo=
leoniſche haute volée ſtrömte dann aus Paris nach Evreux.
Da wurde an Luxus das Menſchenmögliche aufgeboten. Der
Park erglänzte in prächtiger Illumination; ſogar aus dem Bäch=
lein leuchteten farbige Glaskugeln gleich großen, bunt glitzernden
Edelſteinen hervor. In der Regel erhielten auch wir kriegs=
gefangene Officiere eine Einladung zu dieſen Zauberfeſten.

An einem ſolchen Ballabend eilte plötzlich der Präfekt auf
mich zu und mich an der Hand faſſend, ſagte er:

„Oberſt, die Herzogin von Perſigny hat mich gebeten,
Sie ihr vorzuſtellen!“

Ohne mir Zeit zu laſſen, meine Verwunderung über dieſe
mir ſo unerwartete Aufforderung auszuſprechen, führte er mich
fort durch die dichtgefüllten Säle. Einen Augenblick dar=
auf ſtand ich vor jener damals noch in reiferer Schönheit
ſtrahlenden Frau, die ſich in ein reizendes Boudoir zurückge=
zogen hatte.

Die Vorſtellung währte nur wenige Sekunden; dann
entfernte ſich der als Wirth viel in Anſpruch genommene
Janvier.

„Mais mon dieu, vous n'êtes pas brun du tout!“

Das war der erſtaunte Ausruf, mit dem die Herzogin von
Perſigny mich empfing.

„Madame, es thut mir leid, in dieſer Beziehung Ihren
Wünſchen nicht entſprechen zu können“, erwiderte ich lachend;
„aber daran bin wahrlich nicht ich, meine Eltern ſind daran
ſchuld!“

Auch ſie lachte und ließ mich an ihrer Seite Platz nehmen.
Bald waren wir in einer lebhaften Unterhaltung begriffen. Sie
hatte, wie ſie mir offenherzig geſtand, einen Vollblut=Mexikaner
kennen zu lernen gewünſcht, den ſie ſich augenſcheinlich als kupfer=
braunen, nur nothdürftig mit einem Federſchurz umgürteten In=

dianer gedacht haben mochte. So war denn ihre Enttäuschung
erklärlich.

Diese komische Auffassung von dem Aussehen der in Frank=
reich internirten mexikanischen kriegsgefangenen Officiere bildete
indessen keineswegs eine Ausnahme von der Regel in der da=
maligen französischen Gesellschaft.

Stets für das Neue, besonders für das Seltsame und
Exotische schwärmend, hatte sie das Mexikanische wie seinerzeit
das Algerische, auf den Thron der Mode erhoben. Federfächer,
große goldene Ohrringe, Bambusmatten standen auf der Tages=
ordnung. Es gab Armbänder à la Moctezuma, grünlich
emaillirte Eidechsen mit Rubinenaugen nachbildend, Halsbänder
à la Guatimotzin, zusammengefügt aus mildglänzenden, in
allen Regenbogenfarben schillernden Opalen, Nachthauben à la
Popocatepetl, sogar vol-au-vents à la Malintzin. Bis in
die Redeweise waren mexikanische Wendungen eingedrungen.
Anstatt auf dem Altar opferte man jetzt sein Herz auf dem
Opferstein. Auf einzelnen Pariser Boulevardtheatern wurden
Stücke mit mexikanischen Reminiscenzen gegeben. Im Sommer=
cirkus nahe dem bois de Boulogne lockte eine mit großem
kriegerischen Pomp und ausgiebiger Pulververknallung in Szene
gesetzte Darstellung der „Belagerung von Puebla“ jeden Nach=
mittag Tausende von Zuschauern herbei. Ich selbst habe einmal
der Aufführung dieses Phantasiestückes beigewohnt, und hätte ich
nicht lachen müssen, ich würde mich geärgert haben über die
Rolle, welche man, die Geschichte fälschend und den Thatsachen
in's Gesicht schlagend, darin die Unseren spielen ließ. Es gab
sicher nicht wenige Damen am Hofe Napoléon's, die sich dar=
nach sehnten, eine wilde, glühende Leidenschaft in der Brust eines
„barbarischen“ Mexikaners zu erwecken. Wenn ich recht berichtet
bin, soll es auch an derartigen Liaisons nicht gefehlt, und mancher
junge mexikanische Officier sein trauriges Loos in den Armen
einer sensationsbedürftigen Französin zeitweilig vergessen haben.

„Schade", fuhr nach einer kurzen Pause die Herzogin von Persigny fort; „je suis un peu rassassiée des blonds!"

Und dabei warf sie einen gelangweilten Seitenblick auf einen entsetzlich dumm und unbedeutend aussehenden röthlich= blonden jungen Mann, der an der Thürpfoste lehnte und mit scheinbarem Interesse den Worten eines hohen, ältlichen, steifen Herrn lauschte, dessen Brust das Großkreuz der Ehrenlegion schmückte. Der Jüngere war der Herzog von Grammont= Caderousse, damaliger amant en titre der schönen Herzogin und später wegen seiner wahnwitzigen Verschwendung unter Cu= ratel gestellt; der Aeltere seit 1852 ihr Gemahl, der kurz zuvor, am 13. September, zum Herzog erhobene Herr von Persigny, ehemaliger Husarensergeant Fialin, welcher vor dreiundreißig Jahren wegen einiger kleinen Unrichtigkeiten in den Rechnungen seiner Schwadron den Dienst hatte quittiren müssen und dann, der Geldnoth gehorchend, in die saint=simonistische Gemeinde des père Enfantin eingetreten war.

Seine Frau, eine Prinzessin de la Moskwa und Enkelin des Marschalls Ney, die ihm die Kleinigkeit von 12 Millionen als Mitgift zugebracht hatte, stellte mich ihm vor. Nur ein Paar gleichgiltige Worte wechselte ich mit ihm. Er war mir eine zu antipathische Persönlichkeit, ich kannte zu genau seine wenig ehrenvolle Vergangenheit, als daß ich Lust verspürt hätte, mich näher mit ihm einzulassen.

1808 geboren, befand er sich 1863 im fünfundfünfzigsten Lebensjahre. Ursprünglich Royalist und Parteigänger der lockeren Herzogin von Berry, der Mutter des „Wunderkindes", des Grafen Chambord, wurde er nach jenem in seiner Schwadron begangenen „Versehen" glühender Bonapartist, schloß sich, nachdem er die Selbstadelung an sich vollzogen, mit leidenschaftlicher Hin= gebung dem jungen, schon damals die Brust von Prätendentenplänen erfüllten, bei seiner Mutter, der Ex=Königin Hortense, auf Schloß Arenenberg wohnenden Louis Napoléon an, betheiligte sich Ende

Oktober 1836 an dessen mißglücktem Straßburger Putsch, 1840 an
der gleichfalls fehlgeschlagenen Boulogner Farce und büßte seine
Mitwirkung an jenem Unternehmen durch eine Verurtheilung zu
zwanzigjähriger Haft. Die Revolution von 1848 öffnete ihm
die Thore seines Gefängnisses, wie sie auch dem seit seiner Ent=
weichung aus der Festung Ham in England als Flüchtling
lebenden Sohn von Hortense die Möglichkeit bot, nach Frank=
reich zurückzukehren. Von jenem Augenblick übte Persigny
nebst dem Herzog von Morny den unheilvollsten Einfluß auf
Louis Napoléon aus. Er war einer der Hauptregisseure des
blutigen Dramas vom 2. Dezember 1851 und wurde dafür mit
dem wohlbotirten Posten eines Gesandten am Hofe von Saint
James belohnt.

Wenige Monate, bevor ich ihn kennen lernte, hatte er sich
durch das Circular bekannt gemacht, das er in seiner Eigenschaft
als Minister des Innern an die Präfekten richtete, und in
welchem er unter heuchlerischen Phrasen von Freiheit, demo=
kratischem Geist u. s. w. die amtliche Beeinflussung der in naher
Aussicht stehenden Wahlen für den gesetzgebenden Körper an=
ordnete. „Die Abstimmung ist frei"; hieß es in jenem bemer=
kenswerthen Schriftstück, das vom Vicepräsidenten des preußischen
Staatsministeriums, Herrn Robert von Puttkamer, beherzigt
zu werden verdient, wohl auch wiederholt schon beherzigt und
nachgeahmt worden ist, „damit jedoch der gute Glaube der Be=
völkerung nicht durch Redekünste — habiletés de langage —
oder durch zweideutige Glaubensbekenntnisse getäuscht werde, be=
zeichnen Sie laut, wie bei den früheren Wahlen, diejenigen Candi=
daten, welche der Regierung das meiste Vertrauen einflößen, da=
mit die Bevölkerung wisse, welche die Freunde und welche die
mehr oder minder verkappten Gegner des Kaiserreichs sind, und
sich mit ganzer Freiheit (!), aber unter vollständiger Kenntniß
der Sachlage ausspreche."

Energisch bekämpfte Persigny namentlich die im zweiten

Pariser Wahlbezirk aufgestellte Candidatur von Thiers. Als
jedoch am 31. Mai und 1. Juni trotz aller officieller Machi=
nationen dennoch dieser sowie die übrigen Candidaten der Oppo=
sition, im Ganzen 35, erwählt wurden und die neun Vertreter
von Paris ausschließlich aus solchen bestanden, da half es Per=
figny nichts, eine fingirte Zufriedenheit über den Ausfall der
Wahlcampagne zur Schau zu tragen, wenn er auch „die Ueber=
rumpelung des öffentlichen Stimmrechts in einigen großen Cen=
tren" nicht fortzuleugnen vermochte, seine Rolle als Minister,
als Staatsmann überhaupt, war ausgespielt. Seit dem 24. Juni
1863, dem Tage der Annahme seines Abschiedsgesuchs, konnte
er sich — allein die Sinecure eines Sitzes im Senat war ihm
geblieben — von den Zinsen eines durch Finanzspeculationen
enorm vermehrten Vermögens zehrend, einer beschaulichen Muße
hingeben, bis zu seinem 1872 erfolgten Tode, den ein republi=
kanisches Blatt mit den Worten anzeigte: „Gestern crepirte in
Nizza der bonapartistische condottiere Fialin, genannt von
Perfigny." Seine viele freie Zeit benützte er indeß nicht dazu,
die Lebensweise seiner Gattin etwas genauer als bisher zu con=
troliren. Nach wie vor gestattete er ihr unbeschränkte Freiheit,
ihren schnell wechselnden Launen zu fröhnen. Ihre damals letzte
Laune war der schon erwähnte, sich zum Aussaugen trefflich
eignende, hochblonde Herzog von Grammont=Caderousse,
aber auch dieser befand sich bereits im Zeichen des abnehmenden
— Honigmondes.

Ungeachtet ihrer „Uebersättigung mit Blonden" wies die
Herzogin von Perfigny meine höflichkeitshalber ihr gemachte Auf=
forderung zur nächsten Quadrille nicht zurück, und ich hatte nun
genügend Zeit, sie, was ihr Aeußeres betrifft, genauer zu studiren.

Obgleich an jenem Abend nur ein bal paré und kein bal
costumé war, hatte sie sich doch — was kümmerte sie Sitte
und Brauch! — eine Tracht angelegt, in der sie gleich einer
Wassernixe erschien: ein matt meergrünes, silberschillerndes,

ängstlich tief ausgeschnittenes Kleid von fast durchsichtigem Stoffe, das ihre üppigen Formen mehr denn nöthig zur Geltung brachte, dazu in dem blonden, wallenden Haar grüne Schilfblätter, unter= mischt mit weißen Nenuphars und reichen Perlenschnüren. So war sie immer noch ein schönes Weib. In ihren weichen Be= wegungen, in der eigenthümlichen, vermuthlich künstlichen Blässe ihres Teints, hauptsächlich jedoch in ihren grünlich=grauen, bald stumpf und abgespannt vor sich hinblickenden, bald mit elektrischem Glanze auffunkelnden Augen war deutlich ihr ganzer Charakter, richtiger gesagt, ihr Temperament zu lesen. Sie hatte etwas ausgeprägt Messalinenhaftes an sich, und wenn man von den galanten Aventuren, die damals von ihr erzählt wurden, auch nur die Hälfte glauben wollte, so blieb immer noch genug übrig, um jenes Urtheil zu rechtfertigen.

Hierbei fällt mir eine Anekdote von Ernst August, König von Hannover, ein, dem Vater des verstorbenen Königs Georg V. In seiner Gegenwart wurde einmal erwähnt, eine schöne, unver= heirathete, etwas leichtfertige Dame seines Hofes, deren Abwesen= heit bemerkt wurde, sei plötzlich in den Besitz eines Zwillings= paars gelangt.

„O", intervenirte begütigend der König, „von solchen Dingen muß man immer nur die Hälfte glauben!"

Auch in dem Falle der Herzogin von Persigny hätte das hingereicht.

Ich sagte schon früher, daß Louis Napoléon vorzugs= weise geschickt war in der Anwendung des Mittels der Corruption, um seine Herrschaft zu begründen und zu befestigen. Absichtlich ertödtete er in seinen Untergebenen jedes ideale Streben, weil er darin eine Gefahr für den Fortbestand seiner Macht erkannte. Absichtlich träufelte er in ihre Adern das Gift eines cynischen Materialismus — natürlich das Wort in nicht=philosophischem Sinne gebraucht —, bis das ganze Volk davon durchfressen war, so tief, daß vierzehn Jahre des faktischen Bestandes republikanischer Institutionen die Spuren der imperialistischen Mißwirthschaft noch immer nicht auszulöschen vermocht haben.

Es war deshalb wohl angezeigt, meine ich, aus eigener Erfahrung Aufschluß zu geben über einige Produkte jener Miß=wirthschaft auf moralischem Gebiete, und an verhältnißmäßig untergeordneten Personen eine Bestrafung zu vollziehen, ähnlich den „châtiments" — si parva licet componere magnis — mit welchen ein berühmter Dichter den Hauptschuldigen der da=maligen Sittenverderbniß gegeißelt hat.

Die Einwohner von Evreux gafften uns anfänglich, wo immer wir uns zeigen mochten, auf der Straße, in den Cafés, in den Restaurants, im Theater, an, als ob wir Wunderthiere wären. Als wir aber unsere fremdländischen Uniformen mit Civilkleidung vertauscht hatten und mit einzelnen Personen näher bekannt geworden waren, fanden wir überall das freundlichste Entgegenkommen. Die Officiere der aus Infanterie und Ca=vallerie bestehenden Garnison machten sich eine Ehre daraus, uns in ihr Stamm=Café einzuladen, und es gab unter ihnen manche nette und gebildete Leute, mit denen sich gut verkehren ließ. Nach und nach wurden wir, wenigstens die französisch sprechenden Kriegsgefangenen, auch in Familien eingeführt. Die Meisten von uns hatten möblirte Wohnungen, welche uns in Menge und zu niedrigen Miethspreisen angeboten wurden, be=zogen und aßen gruppenweise in verschiedenen kleineren Restau=rationen, die sich durch kräftige bürgerliche Kost und Wohlfeilheit auszeichneten, und bei denen der Apfelwein, dieses echt nor=mannische, sehr schmackhafte und sehr gesunde Getränk, den Wein zu ersetzen pflegte. Nur die Reicheren lebten auf größerem Fuße. Zu allen Festlichkeiten wurden wir zugezogen; und da ich mir, wie schon erwähnt, auch eine ansprechende geistige Beschäftigung verschafft hatte, so war die Gefangenschaft ziemlich erträglich. Mit dem brummigen General La Charrière kamen wir zum Glück wenig zusammen.

Eines Tages erhielt ich eine mit zierlich gestochenem Doppel=
wappen versehene, von der Marquise und dem Marquis Fayet,
Beide mir völlig unbekannt, unterzeichnete Einladungskarte zu
einem Souper, das auf ihrem, mehrere Kilometer entfernt
liegenden Schlosse stattfinden sollte, und der die Worte beigefügt
waren: on dansera. Nach von der militärischen Behörde ein=
geholter und erlangter Erlaubniß machte ich mich an dem be=
stimmten Abend mittelst Wagens auf den Weg. Als ich in
den Park des Schlosses einfuhr, glänzte und glitzerte dieser in
feenhafter Beleuchtung. Die Kieswege und Blumenparterres
waren mit farbigen Lampen eingesäumt; in dem dunkeln Laub
der uralten Bäume hingen ebensolche als phantastische Früchte.
Auf der Freitreppe kam mir der Marquis entgegen, ein kleiner,
ältlicher Herr, der in seinem ganzen Wesen und Gebahren an
die Zeit vor der ersten Revolution erinnerte. Ohne mich zu
Worte kommen zu lassen, überschüttete er mich mit Aeußerungen
der Genugthuung, die er über meinen Besuch empfinde, ge=
leitete mich in sein Haus und stellte mich auf meine Bitte,
zuerst seiner Gemahlin, einer schönen, weit jüngeren Dame, und
dann der Reihe nach den übrigen bereits versammelten Gästen
vor. Beinahe ausschließlich Namen der ältesten normannischen
Adelsgeschlechter rauschten an meinem Ohre vorüber, und nach
ganz kurzer Zeit schon fühlte ich mich durchaus heimisch in jenem
vornehmen Kreise, von dessen Mitgliedern ich vor einer Stunde
kein einziges gekannt hatte.

Erst nach dem Souper, bevor der Ball begann, gelang es
mir, den Marquis Fayet bei Seite zu nehmen und ihn zu
fragen, welcher Umstand mir allein von meinen Kameraden das
Glück und die Ehre seiner Einladung verschafft habe.

„Der Name Ihrer Familie war mir nicht unbekannt, lieber
Baron“, antwortete er mit herzlichem Händedruck. „Auch Sie
gehören ja einem berühmten Geschlechte an.“

„Gewiß, aber Sie wissen vielleicht nicht, daß ich aus

innerster Ueberzeugung Republikaner bin und zugleich einer der
ärgsten Ketzer, dem Sie jemals begegnet sind. Dieser Apfel,
Marquis", fuhr ich, lächelnd und auf mich weisend, fort, „ist
sehr weit von seinem alten Stamme gefallen."

„Thut nichts! Aristokrat bleibt Aristokrat. Wie nach der
katholischen Lehre die Priesterweihe, so drückt auch die adelige
Geburt dem Menschen ein signum indelebile auf. Sie ge=
hören zu den Unsern, gleichviel welcher Art Ihre politischen und
religiösen Ansichten sein mögen."

Ich hielt es für unpassend, mich über diesen Punkt mit
meinem liebenswürdigen Wirth in eine Diskussion einzulassen.
Zu erstaunen vermochte ich jedoch über seine Auffassung nicht.
Anfangs der fünfziger Jahre veröffentlichte ein schlesischer Edel=
mann, ein Herr von Hauenschild, unter dem Pseudonym
Max Waldau Romane, wie „Nach der Natur" und „Aus der
Junkerwelt", in denen ein überaus freisinniger Adeliger, ver=
muthlich das Selbstporträt des Verfassers, auftritt, der aber
trotz seines Liberalismus seinen Adel nicht verleugnet. Ebenso
habe ich später innerhalb solcher streng exklusiver Zirkel bisweilen
Meinungen äußern und vertheidigen hören, die wohl verdienten,
demokratische genannt zu werden. Haben ferner nicht auch
Angehörige der französischen noblesse zur Zeit der ersten Re=
volution oft die fortschrittlichsten Grundsätze ausgesprochen? Er=
hob sich nicht in der Abendsitzung der Nationalversammlung zu Ver=
sailles am 4. August 1789 nicht ein Vicomte de Noailles,
der Sohn eines an Feudal= und Herrlichkeitsrechten reichen
Hauses, um als Tribut der Gerechtigkeit und Menschlichkeit die
Aufhebung aller Vorrechte und Privilegien, die Abschaffung aller
Frohnden zu verlangen? Hatte sein Beispiel nicht unter seinen
Standesgenossen einen wahren Wetteifer von Entsagung und
Freiheitsbewilligungen zur Folge? War es nicht ein Prinz von
Broglie, Claude Victor, der, als er 1794 zum Richtplatz
geführt wurde, zu seinem Sohne die denkwürdigen Worte sprach:

„Vergiß das Beil und schwöre, stets der Revolution zu dienen — oublie la hache et jure de servir toujours la révolution?" Und alle diese Männer blieben Edelleute, nicht nur im übertragenen, edleren Sinne des Wortes!

Ich gebe zu, das sind Ausnahmen von der Regel, und die meisten Legitimisten zur Zeit Napoléon's III. gehörten nicht zu diesen Ausnahmen. Immerhin habe ich unter ihnen nicht selten mehr Verständniß für meine Ideen angetroffen als in gewissen sich liberal nennenden bürgerlichen Kreisen.

Meine Bevorzugung seitens des Marquis Fayet verdankte ich außer meinem Namen wohl auch dem gemeinsamen Hasse gegen den Dezembermann. Ich wunderte mich darum nicht, keine der napoleonischen Koryphäen des Departements in der Gesellschaft zu sehen, weder den General La Charrière noch den Präfekten Janvier de la Motte, noch den in Frankreich so einflußreichen Generalsteuereinnehmer, kurz, Niemanden, der in irgend welcher Beziehung zur Regierung stand.

„Mit solchen Leuten gehen wir nicht um", lautete die mir gegebene kurze und bündige Erklärung. „Wir lieben es, unter uns zu sein."

Ich tanzte die erste Quadrille mit der schönen Marquise, mußte unter gespannter Aufmerksamkeit viel von meinen mexikanischen Abenteuern berichten, erweckte aufrichtigen Ingrimm, als ich das verrätherische Gebahren Saligny's schilderte, und folgte gern der Aufforderung, auch noch den nächsten Tag als Gast auf dem Schlosse zu verweilen. Wohlthuend berührt in solchen Kreisen der absolute Ausschluß jedweder Etikette. Diese gilt dort nur als Wall, um Unberufenen das Eindringen zu erschweren, wie ein Gleiches in der österreichischen haute volée der Fall sein soll, deren Mitglieder wie Angehörige einer und derselben Familie mit einander umgehen, sich vorzugsweise bei ihren Vornamen nennen u. s. w., für die indeß der Mensch, nicht, wie Metternich meinte, erst mit dem Baron, sondern

sogar erst mit dem Grafen anfängt, und zu welcher eine Zu=
lassung auf dem Fuße der Gleichberechtigung für einfache Adelige
beinahe ein Ding der Unmöglichkeit ist.

Im Monat September 1863 wurde uns Kriegsgefangenen
in Evreux, und in der Folge auch den in Tours, Blois und
Bourges internirten Kameraden, eine wenig angenehme Ueber=
raschung zu Theil. Eines Tages ließ uns General La Char=
rière amtlich benachrichtigen, ein höherer französischer Officier
sei aus Paris eingetroffen, der Jedem von uns, und zwar Jedem
einzeln im Auftrage der kaiserlichen Regierung eine wichtige Mit=
theilung zu machen habe. Wir möchten uns deshalb in das
Hotel begeben, in dem er abgestiegen, um jene Mittheilung in
Empfang zu nehmen.

Ich ahnte, um was es sich handelte, und wappnete mich im
voraus mit einem „timeo Danaos et dona ferentes.“

Als an mich die Reihe kam, bei dem Abgesandten des
Kriegsministers und Adjutanten des Kaisers, dem Obersten des
Generalstabs Henry), eingeführt zu werden, empfing mich dieser
in Gegenwart eines der spanischen Sprache mächtigen Dol=
metschers auf das Verbindlichste. Nachdem er mich gebeten,
Platz zu nehmen, erklärte ich ihm, ich zöge es vor, mich ohne
Vermittlung jenes Herrn in französischer Sprache mit ihm zu
unterhalten, was ihm natürlich um so lieber war.

Zunächst gab er mir die Versicherung, daß, welchen Ent=
schluß immer ich auf die Vorschläge, die er beauftragt sei, mir
zu machen, faßte, keiner meiner Mitgefangenen davon etwas er=
fahren würde.

„So halten Sie es für möglich“, unterbrach ich ihn, „daß
mein Entschluß eventuell so eigenthümlich, um kein schärferes
Wort zu gebrauchen, ausfallen könne, daß ich mich schämen
müßte, wenn er zur Kenntniß meiner Kameraden gelangte?“

„Das nicht; aber da die Angelegenheit von Jedem allein
erwogen, von Jedem mit sich allein — „dans son for in-

térieur" — abgemacht werden muß, so ist es besser, voll=
ständiges Geheimniß darüber walten zu lassen."

Darauf setzte er mir auseinander, der Kaiser habe in seinem
Wohlwollen beschlossen, uns die Freiheit zu schenken, uns auf
einem französischen Kriegsschiffe, unter Beobachtung aller unserer
Stellung gebührenden Rücksichten, in unser Vaterland zurückzu=
senden, unsere militärischen Grade durch die in Mexiko einge=
setzte provisorische Regierung anerkennen zu lassen und die pünkt=
liche Auszahlung unseres Gehalts zu garantiren; als Gegen=
leistung werde nur die Kleinigkeit verlangt, daß wir jener Re=
gierung oder der später unter der Aegide Frankreichs aufzurichten=
den Dienste leisteten, falls wir aber hierzu nicht geneigt sein
sollten, uns wenigstens verpflichten möchten, in einer uns
anzuweisenden Stadt in Mexiko unsern Wohnsitz aufzuschlagen
und uns von jeder weiteren Betheiligung an der Politik wie an
den Kämpfen unseres Vaterlandes fernzuhalten.

Oberst Henry sprach gut, in gewählter Form, mit schein=
barer Wärme, voller Achtung für meine militärische Vergangen=
heit und bemühte sich möglichst zwingende Gründe anzuführen, die
mich bestimmen sollten, seinen Vorschlag anzunehmen.

Ich ließ ihn ruhig ausreden. Dann erwiderte ich:

„Mit einem Worte also, Oberst, Sie fordern mich auf, einen
Treubruch zu begehen?"

„Das sei ferne von mir, aber das Land steht höher als
die Partei, namentlich ein Militär sollte stets nur jenem dienen,
nie mit gebundenen Händen sich dieser überliefern. Und die
Mehrheit Ihrer Landsleute neigt jetzt zur Intervention; sie hat
sich losgesagt von dem „früheren" Präsidenten Juarez."

„Wissen Sie das so sicher? Wann und wo hat man dem
mexikanischen Volke die Gelegenheit gewährt, seine Meinung
unverfälscht zum Ausdruck zu bringen? Ich glaube besser darüber
unterrichtet zu sein als Sie und Ihre Regierung und kann
Ihnen sagen, daß nur eine verhältnißmäßig kleine Schaar von

Verräthern sich der neu aufgehenden Sonne zugewendet hat, daß die ungeheuere Majorität der Mexikaner nach wie vor treu zur Republik und der sie repräsentirenden obersten Behörde hält. Um aber größere Klarheit in die Sache zu bringen, erlaube ich mir meinerseits eine Frage: Hand auf's Herz, Oberst! Würden Sie in ähnlichem Falle eine derartige Verpflichtung eingehen? Würden Sie als kriegsgefangener Officier Ihrem Kaiser, so lange er noch regiert, das ihm gegebene Wort brechen?"

Nach längerem Schweigen murmelte er mit leiser Stimme: „Ich glaube kaum!"

„Nun, und finden Sie es mit Ihrer Ehrenhaftigkeit verträglich, einen Andern zu einer Sache zu bereden, auf die Sie selbst nicht eingehen würden?"

Er schwieg. Unsere officielle Unterhaltung war beendet. Privatim ersuchte er mich, ihm eine schriftliche Exposition der Lage in Mexiko zu geben, wie ich sie aus eigener Anschauung und nach den neuesten mir zugegangenen Nachrichten kenne, um sie dem Kriegsminister einzuhändigen und durch diesen dem Kaiser Napoléon vorlegen zu lassen.

Am nächsten Morgen hatte Oberst Henry das gewünschte Schriftstück in Händen. Da ich den Entwurf dazu zufällig unter meinen Papieren aufgefunden habe, so will ich die wesentlichsten Punkte daraus anführen. Nach Fortlassung der Einleitung lautete es, wie folgt:

„Die mexikanische Frage, welche man gern als beendet ansehen möchte, befindet sich erst in ihrem Anfangsstadium — début. Die Besetzung der Hauptstadt ist gewöhnlich entscheidend in einem Lande, in welchem das centralisirende System herrscht, wie z. B. in Frankreich oder in Preußen; sie übt jedoch einen nur unwesentlichen Einfluß auf den Abschluß des Krieges in einer Bundes = Republik wie Mexiko aus.

„Der Usurpator Miramon hatte mehrere Jahre hindurch die Hauptstadt in seinem Besitz gehabt, während der constitutio=

nelle Präsident Juarez, der mit seiner Regierung in Veracruz residirte, nichts destoweniger auf zahlreiche Anhänger im Innern des Landes rechnen konnte und schließlich den Triumph der Gesetzlichkeit herbeiführte.

„Nach dem neuesten Bericht des Marschalls Forey hält die französische Armee mit ihren mexikanischen Bundesgenossen nur 65 Städte, Flecken und Dörfer, größerentheils innerhalb der vom Golfe sich bis zur Hauptstadt erstreckenden Zone gelegen, besetzt. Welches Mißverhältniß zwischen dieser Anzahl und der der übrigen Ortschaften der Republik! Wie lange Zeit wird es erfordern, um die Eroberung des ganzen Landes zu bewerkstelligen, wenn beinahe zwei Jahre nöthig waren, um hundert Leguas weit vorzudringen! Gewiß sind für den Augenblick die Mittel des Widerstandes in Folge der nutzlosen Opfer, welche man in Puebla sowohl an Mannschaft wie an Waffen gebracht hat, bedeutend geschwächt; das mexikanische Volk bedarf jedoch wie sein Boden nur einer sehr kurzen Ruhe, um von Neuem befähigt zu sein, seine Arbeiten wieder aufzunehmen.

„Das Heer der Insurrektion gegen die Colonialherrschaft, zum großen Theil aus undisciplinirten, mit Knütteln bewaffneten Indianern gebildet und mit wenigen hölzernen Kanonen versehen, hat nichtsdestoweniger schließlich die alten kriegserfahrenen spanischen Truppen besiegt, welche gegen die ersten Soldaten der Welt gekämpft hatten.

„Der mexikanische Charakter hat viel von einem der Elemente, aus denen die Nation zusammengesetzt ist, von dem indianischen geerbt. Er zeichnet sich durch eine bis zum Aeußersten getriebene Ausdauer, eine mehr catonische denn christliche Entsagungskraft aus und verzweifelt niemals, günstige Resultate zu erringen.

„Juarez ist der Vertreter, der Typus dieses Charakters. Vielleicht mag man ihn brechen, biegen wird man ihn nie, und da die Mehrheit der Nation mit ihm ist, wird man auch nicht

dahin kommen, ihn zu brechen. Der Krieg wird demnach mit
größerem oder geringerem Erfolg fortdauern. Die topographische
Lage des Landes ist durchaus vortheilhaft für den kleinen Krieg,
den durch Guerrillas geführten, die den Feind necken und quälen
— „taquinent et tracassent" — wie die Fliege selbst den
König der Thiere verfolgt und ohnmächtig macht, so daß Frank=
reich fortwährend neue Truppen nach Mexiko wird schicken müssen,
nicht allein, um in das Innere vorzudringen, sondern auch um
sich in dem bereits eroberten Gebiet zu halten.

„Andererseits weiß der mexikanische Charakter durch seine
Liebenswürdigkeit eine magnetische Gewalt auf jeden Fremden
auszuüben, und die Lüste Capuas waren den Soldaten Hanni=
bals verhängnißvoller als die römischen Armeen.

„Frankreich, welches nur sechsunddreißig Stunden entfernt
ist von Algerien, hat die Eroberung jenes Landes vor dreiund=
dreißig Jahren begonnen; es hat dort Tausende von Menschen,
Millionen von Francs gelassen, sein kostbarstes Blut dort in
Strömen vergossen: und heute fängt es kaum an, einige magere
Vortheile aus so großen Anstrengungen und so beträchtlichen
Opfern zu ziehen.

„Man sagt, der Gedanke, Mexiko in ein neues Algerien
umzuwandeln, sei nie im Geiste des Kaisers aufgetaucht; desto
schlimmer dann für Frankreich! In Algerien verfolgte man zwei
Zwecke, einen zu Gunsten der Menschlichkeit, die Unterdrückung
der Seeräuberei, den andern zu Gunsten Frankreichs, die Er=
werbung einer Colonie, um dem englischen Einfluß auf dem
mittelländischen Meere ein Gegengewicht zu schaffen. Was
Mexiko betrifft, so hat man sich überzeugen können, daß seine
Civilisation arg verleumdet war, und daß im Interesse der
Menschlichkeit wenig zu thun übrig bleibt. Die clerikale Partei,
der Frankreich durch die Gewalt der Umstände, gegen seine
Neigungen und gegen seine Grundsätze sich gezwungen gesehen hat,
dort die Hand zu reichen, war, ist und wird stets und überall

die exklusivste, gewaltthätigste und — undankbarste sein; Beweis: die Undankbarkeit des Papstes, der Frankreich allein den Fortbestand seiner Macht verdankt. Bezüglich der Interessenfrage in Mexiko hat Frankreich laut erklärt, daß es keine Gebietsvergrößerung anstrebt. Was sucht es denn drüben? Man weiß es nicht genau. Frankreich, oder richtiger gesagt, der Kaiser, denn das bekannte: „Der Staat bin ich" gilt hier abermals, ist durch eigensüchtige Menschen fortgerissen worden. Der Kaiser wurde getäuscht.

„Man mag noch so sehr Adler sein; wenn man Wolken auf Wolken häuft, ist auch das Auge eines Adlers unfähig, über bestimmte Entfernungen hinweg seine Schärfe zu bewahren, und Mexiko befindet sich über zweitausend Meilen — „lieues" — von Frankreich entfernt.

„Außerdem besteht noch die Monroe = Doktrin. Die Nordstaaten von Amerika werden sie niemals aufgeben, da sie sicher sind, über die Conföderirten einen entscheidenden Sieg davon zu tragen, denn sie vertheidigen, vielleicht ohne sich dessen klar bewußt zu sein, die Sache der Menschlichkeit gegen die Sklaverei. Die Vereinigten Staaten werden darum ihr Möglichstes thun, um das republikanische Mexiko gegen irgend welche europäische, zu Gunsten des monarchischen Princips unternommene Intervention zu unterstützen. Augenblicklich vermögen sie nicht, wagen sie nicht ihm direkt zu Hilfe zu eilen, aber sie werden ihm Geld und Waffen liefern, und das ist Alles, was wir brauchen, um den Krieg fortzusetzen. Die Küsten des stillen Ozeans, die Nordgrenze stehen noch offen, um sie einzuführen, und man wird Gebrauch davon zu machen verstehen.

„In dritter Linie sind die amerikanischen Republiken spanischen Ursprungs hochgradig aufgeregt über den Fortschritt des europäisch = monarchischen Einflusses in Mexiko. Ein Bündniß, eine Conföderation ist schon geplant und dürfte sich vielleicht realisiren. Angenommen sogar, Frankreich könne über genügend Sol-

daten und genügend Geld verfügen, um gegen diese neue Coalition
Front zu machen; angenommen sogar, es ziehe es vor, seine Auf=
merksamkeit von den brennenden Fragen, die gegenwärtig diesen
Welttheil bewegen, so hauptsächlich die polnische Frage, welche es
im höchsten Grade interessiren muß, abzulenken, um sie aus=
schließlich Mexiko zuzuwenden, ein selbst glücklicher Ausgang des
von ihm begonnenen Krieges wird niemals die Opfer aufwiegen,
die es sich auferlegt hat, um ihn zu erlangen.

„Frankreich ist liberal; es ist der Repräsentant der Ideen
der Revolution von 89, wie Herr von Persigny in einer
seiner letzten Reden sehr richtig gesagt hat. Der Kaiser will
nicht allein die Vereinigung der drei nationalen Farben darstellen,
die Fusion der drei Parteien, sondern auch die Tendenz zum
Fortschritt, zur Freiheit; er will ja die fleischgewordene Demo=
kratie sein!

„Deshalb kann er nicht Grundsätze unterstützen, die mit
seinen eigenen im Widerspruch stehen. In Rom schon erduldet
er die widrigen Consequenzen seiner Bemühungen zu Gunsten
von Zuständen, die durch die Vernunft wie durch die Erfahrung
verurtheilt sind. Warum denn sich neue Schwierigkeiten —
„embarras" — in der neuen Welt schaffen, wenn es nur von
ihm abhängt, sie aufhören zu lassen!

„Frankreich liebt es nicht, daß Fragen auswärtiger Politik
sich in die Länge ziehen. Es will so schnell als möglich damit
zu Ende kommen, und da jede aus der allgemeinen Abstimmung
hervorgegangene Regierung verpflichtet ist, es sei denn, sie wolle
ihren Ursprung verleugnen, die nationalen Wünsche zu berücksich=
tigen, so muß der Kaiser darnach trachten, die mexikanische Frage,
die unergiebig ist für ihn an Resultaten, fruchtbar dagegen an
Verwicklungen, und die vor Allem im Gegensatz steht zu den
Sympathien des Volkes, über das er herrscht, ohne Zögern zu
beendigen.

„Das eigensinnige Verharren bei denselben Ideen ist in der

Politik das Kennzeichen eines gewöhnlichen — „vulgaire" —
Geistes. Der Kaiser ist ein zu scharfblickender Mann, als daß
er sie nicht aufgeben sollte, sobald er die Ueberzeugung gewonnen,
daß die bisherigen Schritte zu keiner angemessenen Lösung zu
führen vermögen. Der Kaiser hat nach einer Reihe glänzender
Siege den Frieden von Villafranca geschlossen. Warum that er
es? Weil er einsah, daß die Einnahme des Festungsvierecks ihm
sehr viel Zeit gekostet, und daß auch nach diesem neuen Erfolge
er sich einem endlosen Kriege gegenüber gefunden haben würde.

„Nun wohl! Was hindert ihn, nach der Einnahme von
Puebla und der Besetzung der Hauptstadt Mexiko einen zweiten
Frieden von Villafranca zu schließen?

„Mexiko hegte ursprünglich große Vorliebe für Frankreich.
Es betrachtete sich, und mit Recht, als seinen jüngeren Bruder
bezüglich der Errungenschaften von 89. Es will nichts weiter
als sein treuer Bundesgenosse sein und in Uebereinstimmung
mit ihm an der Entwickelung der liberalen und humanitären
Ideen arbeiten.

„Gegen seine Neigung — „à contre-coeur" — bekriegt es
Frankreich. Wir haben uns gegen die Franzosen gleichsam als
gute Freunde geschlagen, ohne nationalen oder politischen Haß.
Nur darf man nicht vergessen, und Zahlen beweisen es, daß
Mexiko ein liberales Land ist, das einzige in der Welt, welches
das glückliche Prinzip der absoluten Unabhängigkeit des Staates
von der Kirche in die Praxis einzuführen verstanden hat, und daß
seine Anschauungen in keiner Weise in dem eigensüchtigen Votum
der 138 Individuen zu Tage getreten sind, die für eine schlech=
terdings unmögliche, im Gegensatz zu den Ueberlieferungen und
Gewohnheiten der Gesammtheit der Bevölkerung stehende Mon=
archie gestimmt haben.

„Wenn der Kaiser zu den Mexikanern sagte: Anstatt einer
Intervention biete ich Euch meinen Schutz an für die Entwick=
lung Eurer eigenen politischen Institutionen sowie für die Aus=

beutung Eurer Bodenschätze, in der einzigen Absicht, Euch einen
selbstlosen Dienst zu erweisen; wenn, anstatt sich durch unbe-
gründete Verleumdungen gegen Juarez beeinflussen zu lassen,
er ihm gestatten wollte, daß er sich durch Vertreter vernehmen
ließe; wenn, anstatt die Partei der Vergangenheit zu beschützen
und zu vertheidigen, er sich zu einer besonnenen Diskussion der
Streitpunkte verstände; wenn er der Freund aller Mexikaner sein
wollte, anstatt der einer unbedeutenden Minderheit, die er im
Grunde seines Herzens verachtet, wie man immer die Verräther
an ihrem Vaterlande verachtet: oh, dann würde die heute so
schwierige — „scabreuse" — mexikanische Frage bald ihre Lösung
finden, und Frankreich keinen sichereren und ergebeneren Alliirten
haben als Mexiko.

„Wir wollen keine fremde Einmischung in unsere inneren
Angelegenheiten, aber einen wohlthätigen Einfluß zu Gunsten
unseres Landes würden wir nicht zurückweisen, und dieser Einfluß, den Frankreich mit der größten Leichtigkeit und ohne Entfaltung von Streitkräften ausüben könnte, wenn es die künstlichen
Hindernisse — „entraves" — zerbrechen wollte, die von Leuten
aufgehäuft sind — „entassés" — welche ein Geldinteresse daran
haben, diese beiden Nationen, die bestimmt sind, Freunde zu sein,
zu entzweien: so würde ihm ein ungeheuerer Nutzen hieraus er-
wachsen, denn es könnte in freundschaftlicher Weise die Brücke
benützen, über welche eines Tages der Handel zwischen Europa
und dem fernen Osten sich bewegen muß.

„Der friedliche Einfluß Frankreichs in Mexiko würde seinem
alten Nebenbuhler England mehr Nachtheil bringen als ein langer,
von den größten Siegen gekrönter Feldzug.

„Ich resumire:

„Frankreich stellt die Feindseligkeiten gegen den Präsidenten
Juarez und dessen Anhänger ein.

„Frankreich ladet die legitimen Vertreter Mexikos zu einer
ruhigen Diskussion der einzelnen Streitpunkte ein.

„Frankreich gewährt keiner der drei in Mexiko bestehenden Parteien, der liberalen, der gemäßigten und der conservativen, seine ausschließliche Unterstützung.

„Frankreich erklärt, lediglich der Bundesgenosse Mexikos sein zu wollen, ohne jedwede Prätension, einen andern Einfluß auf dasselbe auszuüben als den, welcher dieser Titel ihm giebt.

„Auf dieser Grundlage, aber auf dieser Grundlage allein ist die Lösung der mexikanischen Frage gesichert. Für eine solche Politik wird dem Kaiser nicht allein die Zustimmung der Mehrheit der Mexikaner, sondern auch die der Mehrheit der Franzosen zu Theil werden, unter welchen die mexikanische Expedition wenig populär ist; der Friede und eine enge Allianz zwischen den beiden Ländern mit allen damit zusammenhängenden politischen, commerciellen und humanitären Vortheilen wird diesem traurigen Kriege folgen, der nutzlos ist, ruhmlos und vor allen Dingen endlos!

„Evreux, den 13. September 1863.

Carlos v. Gagern.

„An den Herrn Obersten Henry,
Generalstobsofficier der französischen
Armee."

Einundzwanzig Jahre sind verflossen, seit ich dieses Memorandum wieder zur Hand genommen und durchgelesen habe. Ich wundere mich selbst, wie richtig meine damaligen Prophezeiungen waren, denn zum großen Theile sind sie eingetroffen. Daß Napoléon III. auf meine Vorschläge nicht einging, ist erklärlich. Er wurde eben zu sehr von seiner Umgebung, besonders von seiner für den Clericalismus gewonnenen Frau, beherrscht. Da ich aber wußte, denn Oberst Henry hatte es mir bestimmt versprochen, daß mein Memorandum dem Kaiser selbst vorgelegt werden würde, und ich erfuhr auch später, daß er es gelesen und sorgfältig geprüft hatte, so mußte ich eine für sein Ohr angemessene Sprache reden, in die sich sogar die Schmeichelei „on

a beau être aigle" eingeschlichen hat. In der Politik darf
man ja nicht immer Alles beim rechten Namen nennen; ich
konnte den Kaiser der Franzosen doch nicht „parjure" und
„assassin du deux Décembre" tituliren! Noch heute glaube
ich übrigens, daß die Argumente, welche ich anführte, um Louis
Napoléon zum Aufgeben der mexikanischen Expedition zu be=
wegen, geeignet waren, gerade auf ihn einen gewissen· Eindruck
hervorzubringen; ist es doch nicht wegzuleugnen, daß er die libe=
ralen und socialistischen Ansichten, welche er in seiner Jugend
hegte, auch auf dem Throne nicht völlig über Bord geworfen
hatte; er hielt sich wirklich für die „incarnation de la démo-
cratie française." Nur in der Annahme, die hispano=ameri=
kanischen Republiken könnten dem bedrängten Mexiko zu Hilfe
kommen, hatte ich mich getäuscht. Sie waren· zu schwach dazu,
zu uneinig unter sich, und immer noch ist die schöne Idee
Bolivars: die Herstellung einer Conföderation sämmtlicher ameri=
kanischer Staaten, die einst Colonien waren der Krone von
Castilien, und in denen seitdem die herrliche Sprache des Cer=
vantes gesprochen wird, nur ein pium desiderium geblieben,
obwohl ich fest überzeugt bin, daß früher oder später sie sich ver=
wirklichen wird.

In Evreux hatte Oberst Henry immerhin einigen Erfolg
unter den Kriegsgefangenen, obgleich die Namen der Abtrünnigen
uns erst später bekannt wurden. Von dort begab er sich nach
Tours, um seine Mission ·fortzusetzen, später auch· nach Blois
und nach Bourges. Aus der erstgenannten Stadt schrieb mir ein
Kamerad, der Abgesandte des Kriegsministers hätte den dortigen
Gefangenen die gleichen Vorschläge gemacht wie uns.

„Leider" — so fährt der Brief fort — „fanden sich auch
unter uns einige Verräther, welche keinen Anstand nahmen, den
ihnen vorgelegten, die militärische Ehre herabwürdigenden Schein
zu unterzeichnen; noch trauriger ist, daß sie so weit gingen, dem
Oberst Henry die Befürchtung auszusprechen, wir würden sie

todtschlagen, sobald ihr Abfall zu unserer Kenntniß gelangte. Dar=
auf hin wurden wir am nächsten Tage nochmals zusammenberufen,
und der Oberst erklärte, er bedauere, daß wir nicht Alle die
Großmuth des Kaisers richtig gewürdigt, daß wir durch unsere
Zurückweisung der Vorschläge und besonders durch die Art, wie
wir sie begründet, die Ehre Frankreichs beleidigt und die ritter=
liche Gesinnung seines Heeres in Zweifel gezogen hätten. Nur
früher der conservativen Partei angehörende Officiere seien auf
die Bedingungen eingegangen; die liberalen Officiere aber, welche
jenen in irgend einer Weise zu nahe treten und sie als „Ver=
räther" brandmarken würden, müßten sich auf eine strenge Be=
strafung gefaßt machen. Da diese sich bemühen, ihr schmach=
volles Vorgehen zu verbergen, so weiß ich nicht genau, welche
ihrer Fahne untreu geworden sind. Beifolgende Liste ist darum
weder ganz richtig noch ganz vollständig."

Gegen jene Unterscheidung von „conservativ" und „liberal"
erließen die zu der letzteren Kategorie Gehörenden einen gehar=
nischten Protest.

„Wir können unser Erstaunen über diese Klassifikation der
kriegsgefangenen mexikanischen Officiere nicht verhehlen", wurde
darin gesagt. „Als wir uns um die nationale Fahne schaarten,
in Erfüllung der heiligen Pflicht, unser Vaterland, unsere Unab=
hängigkeit und unsere politischen Institutionen zu vertheidigen,
streckten wir allen unsern Brüdern die Hand entgegen, ohne Falsch,
ohne Hintergedanken, beseelt von dem edelmüthigen Wunsche, das
Werk der Vaterlandsvertheidigung zu kräftigen. Unser Staunen
kommt daher, daß hier in Frankreich, wo wir jene Bande noch für
fortbestehend ansahen, es Leute giebt, welche Erinnerungen herauf=
beschwören, die vielleicht der Ursprung aller der Leiden gewesen sind,
unter denen unser unglückliches Land so schwer gelitten hat. Wenn
die Handlungen eines Mannes aufhören privater Natur zu sein
und öffentliche werden, so kommt es der Geschichte zu, sie mit
unbeugsamer Logik zu richten. Sie also wird unsere Entschlüsse

und die Derjenigen beurtheilen, welche sich unsere Kameraden
nannten, jetzt aber, um ihre Heimkehr zu ermöglichen, auf die
denselben von Ihnen im Namen des Kaisers der Franzosen ge=
stellten Bedingungen eingegangen sind. Sie haben übrigens
nichts von uns zu fürchten. Wir würden uns erniedrigen,
wollten wir sie um eine Erklärung ihrer Handlungsweise bitten.
Mexiko und die Geschichte werden sie nach ihrem Werthe zu
schätzen wissen. Hinlänglich bestraft werden sie sein, wenn sie
an das Urtheil ihrer Mitbürger appelliren, und wenn sie in
unseren Mienen die Verachtung lesen, die wir ihnen entgegen=
bringen."

Bei den Subalternofficieren gelang es dem Obersten Henry
leichter, viele zum Abfall zu bestimmen. Da aber das Resultat
seiner Sendung, im Ganzen genommen, doch nicht den von
der französischen Regierung gehegten Erwartungen entsprach, so
mußte der nämliche Abgesandte noch zweimal den Versuch, uns
zu gewinnen, wiederholen.

Bei seinem zweiten Besuch in Evreux verstieg Oberst Henry
sich den Treugebliebenen gegenüber zur Drohung, man würde
uns den bisher bewilligten Gehalt entziehen und uns in die
Kasematten einer Festung einschließen. Beim dritten, den er im
Frühling 1864 machte, hatte er die Kühnheit, uns in Aussicht
zu stellen, Frankreich würde uns fortan gar nicht mehr als
Officiere ansehen noch als solche behandeln, sondern als gemeine
Soldaten und uns gleich Galeerensklaven bei Staatsbauten ver=
wenden. Durch diese Drohung erzielte er bei Manchen die an=
gestrebte Unterwerfung. Ungefähr ein Viertel der sämmtlichen
Kriegsgefangenen, und ich schmeichle mir zu diesem Viertel ge=
hört zu haben, blieb indeß standhaft. Meine persönlich ab=
gegebene Erklärung lautete wörtlich:

„Da ich nicht in amtlicher Form von dem Eide entbunden
bin, welchen ich dem Präsidenten Juarez als Vertreter der legi=
timen Autorität meines Vaterlandes geschworen habe, so ist es

gegen mein Gewissen und meine militärische Ehre, das Unter=
werfungsformular zu unterzeichnen, bevor ich nicht von meiner
Regierung dazu autorisirt werde."

Ein anderer Kamerad, damaliger gleich dem vorigen in
Tours internirter Oberst, gegenwärtig General und Unterstaats=
sekretär im Kriegsministerium, José Montesinos, schrieb mir
am 25. April 1864 unter Anderm:

„Dieses Mal hatte Oberst Henry seine früher uns be=
wiesene Höflichkeit ein wenig abgestreift. In einer Rede voll
schwülstiger Phrasen, in der er uns anfänglich wegen unserer
Tapferkeit und Ehrenhaftigkeit beglückwünschte, beschwor er uns
beinahe, nicht abermals die Waffen gegen die Franzosen zu er=
greifen, stellte es uns übrigens frei, später den Monarchen, mit
dem Frankreich uns beschenkt" — der übelberathene Erzherzog
Maximilian hatte kurz zuvor, am 10. April, in Miramare
die ihm von einem Häuflein Landesverräther angebotene Kaiser=
krone angenommen — „zu bekämpfen und zu stürzen. Die
Szene ermangelte nicht einer gewissen Komik. Stellen Sie sich
vor, lieber Freund, welchen Eindruck es auf uns machen mußte,
einen französischen Oberst, die Brust mit Kreuzen und Ehren=
zeichen bedeckt, vor einer Versammlung von dreiundsiebzig kriegs=
gefangenen Stabsofficieren die Lehre des Evangeliums predigen
zu hören und uns aufzufordern, den Feinden unseres Vaterlandes
Verzeihung angedeihen zu lassen, denselben Feinden, die uns von
Puebla nach Veracruz mit an den Steinen des Wegs blutig ge=
rissenen Füßen marschieren ließen, die während einer zweiund=
vierzigtägigen Seefahrt auf höhern Befehl uns wie Matrosen
behandelten und uns vor Hunger beinahe umkommen ließen!
Diejenigen, welche geneigt wären, die vom Blute unserer noch
für die Unabhängigkeit Mexikos kämpfenden Brüder feuchten
Hände zu küssen, sollten hochgeehrt werden, sie dürften auf die
ewige Dankbarkeit der französischen Regierung rechnen und sogar
noch weitere vierzehn Tage ihren Gehalt fortbeziehen — o welche

Großmuth! Für Diejenigen hingegen, welche, treu ihren Ideen und
Ueberzeugungen, die schmachvolle Unterwerfungsakte zurückweisen
und ihr Vaterland nicht verrathen wollen, Elend, Noth und Hunger.

„Wahrlich, ich weiß nicht, wen ich mehr verdammen soll,
den, der so erbärmliche Mittel anwendet, um sich Anhänger zu
verschaffen, oder die fünfzehn Verräther, welche jene Bedingungen
annahmen und gebeugten Hauptes, mit schamgeröthetem Antlitz
aus dem Versammlungszimmer davonschlichen!"

Ich stand damals schon in brieflicher Verbindung mit
Nefftzer, dem jetzt bereits seit Jahren verstorbenen Chefredakteur
des liberalen „Temps", indem ich ihm mehrere wahrheitsgetreue
Berichte aus Mexiko übersandt hatte. Ihm theilte ich nun das
gegen uns verübte Vorgehen der französischen Regierung mit,
und er beeilte sich, in seinem Blatte davon zu sprechen. Angesichts der allgemeinen Entrüstung, welche die Thatsache hervor-
rief, sah die Regierung sich zu einem schwächlichen Dementi veranlaßt. Der Haupterfolg war aber, daß sie uns, nachdem die
„juramentados", diejenigen Kameraden, welche ihre ehrenvolle
Vergangenheit abgeschworen, die Rückreise angetreten hatten, ebenfalls und zwar bedingungslos in Freiheit setzte.

Das geschah am 17. Juli 1864. Meine aufbewahrte
feuille de route, in welcher ich als „mexikanischer Ex-Kriegs-
gefangener" bezeichnet bin, zeigt dieses Datum.

Bevor ich Evreux verließ, machte ich meine officiellen Ab-
schiedsbesuche. Dem General La Charrière sagte ich mit Genugthuung Lebewohl auf Nimmerwiedersehen. Er hatte sich uns
gegenüber wenig freundlich benommen. Im Jahre 1870 nahm
er an der Vertheidigung von Paris theil; es war ihm das
Commando über den Mont Avron zugetheilt worden. Dort fiel
er im Januar 1871.

Der Bischof ertheilte mir seinen priesterlichen Segen. Ihm
machte es Freude, die Hand über mein ketzerisches Haupt aus-
zustrecken, und mir konnte es keinen Schaden bringen. Immer-

hin erblickte ich darin einen Beweis seines Wohlwollens, für
welches ich ihm aufrichtig dankbar war.

Janvier de la Motte wünschte mir herzlich Glück zu
meiner Freilassung. Seine spätere Laufbahn entsprach seinen
von mir geschilderten Antecedentien. 1867 wurde er zur Dis=
position gestellt, da ihm ein kolossales Deficit in der Präfektur=
kasse nachgewiesen worden war. Schon zwei Jahre später nahm
ihn jedoch der Kaiser wieder in Gnaden auf — er war eben
ein unentbehrliches Werkzeug — und schickte ihn als Präfekten
zuerst in das Departement du Gard, darauf nach dem Mor=
bihan. Auch dort vermochte er sich jedoch nicht zu halten. Der
Minister des Innern, Chevandier de Valdrôme, entließ ihn
nochmals am 1. Februar 1870. Während des deutsch=fran=
zösischen Krieges hielt Janvier sich möglichst fern von jeder
Gefahr; er hatte sein buen retiro in der Schweiz aufgeschlagen
und verweilte dort, bis Thiers als Präsident der Republik im
Mai 1871 von der eidgenössischen Regierung seine Auslieferung
verlangte, weil gegen den Ex=Präfekten die Anklage auf Fäl=
schung von amtlichen Dokumenten, von kolossalen Unterschleifen
und von Erpressungen erhoben worden war. Er wurde in der
That ausgeliefert und in Rouen eingekerkert. Vor die Ge=
schworenen gestellt, erlangte er trotz der unwiderleglichsten gegen
ihn beigebrachten Beweise ein freisprechendes Verdikt, Dank der
Intervention des damaligen Finanzministers Pouyer Quertier,
der das unter dem Kaiserreich gang und gäbe gewordene System
der „virements des fonds" als berechtigt erklärte, was aller=
dings, da seine Collegen, die Nationalversammlung und der
Generalrath des Eure=Departements diese, betrügerischen Mani=
pulationen Thor und Thür öffnende Theorie mißbilligten, den
Rücktritt des Ministers zur Folge hatte. Am 18. und 23. Fe=
bruar 1873 verurtheilte der oberste Rechnungshof — cour des
comptes — Janvier de la Motte zur Rückerstattung einer
Summe von 110,832 Francs, deren Verwendung er nicht hatte

rechtfertigen können. Ob er das Geld gezahlt hat, weiß ich
nicht. Ende 1874 gründete er in Angers ein bonapartistisches
Blatt: „Le Courrier d'Angers"; darauf übernahm er im
Eure-Departement die Leitung der Partei des „appel au
peuple". Am 21. Februar 1876 trat er als Candidat für
einen Sitz in der Deputirtenkammer im Bezirk von Bernay auf,
erklärte, daß er das Septennat Mac Mahon's anerkenne und
rühmte sich, daß unter seiner Verwaltung der Reichthum jenes
Departements sich beinahe verdoppelt habe. Mit 9939 Stimmen
wurde er zum Abgeordneten erwählt, während seine beiden Gegen-
candidaten zusammen es auf nur 5950 gebracht hatten. Nach
dem 16. Mai 1877 wurde er abermals mit 9758 Stimmen
gewählt und gehörte bis zu seinem im Februar dieses Jahres
erfolgten Tode sowohl der Kammer als auch dem Generalrath
de l'Eure als Vertreter des Bezirks von Brionne an. Dem
Vice-Präsidenten Charles Floquet, der am 28. Februar den
Vorsitz in der Deputirtenkammer führte, kam es zu, dem Verstorbenen einen Nachruf zu widmen, und er entledigte sich dieser
wahrlich nicht leichten Aufgabe mit großem Geschick:

„Mehr den politischen Freunden", sagte er, „steht es zu,
an die Vielseitigkeit zu erinnern, welche Herr Janvier de la
Motte im Dienste der gemeinsamen Sache an den Tag gelegt
hat. Der Präsident hat die Pflicht, — und ich erfülle sie mit
aufrichtiger Rührung — im Namen der ganzen Kammer, ohne
Ansehen der Partei, ein trauervolles Gedenken Dem zu weihen,
welcher für uns ein liebenswürdiger und rücksichtsvoller College
war, dessen gute Laune und Herzlichkeit den herbsten Groll des
politischen Lebens überdauerten. Der Tod hat ihn in der Voll-
kraft einer Reise überrascht, welche das Vorrecht genoß, der
Jugend zu gleichen, deren glückliches Naturell, hinreißende Leb-
haftigkeit und glänzende Eigenschaften sie bewahrt hatte. In
dieser aus den letzten Jahren geschöpften Erinnerung gesellen wir
uns dem Schmerz einer schwer geprüften Familie bei."

Auf weiter zurückliegende Reminiscenzen ging Floquet kluger Weise nicht ein.

Die Herzogin von Persigny hat in verhältnißmäßig neuer Zeit, gegen Ende 1880, noch einmal viel aber nicht gut von sich reden gemacht, nämlich anläßlich der schmutzigen Affaire Friedmann.

Ihre Tochter Marie hatte sich 1877 mit einem Herrn Friedmann, dem Sohne eines Prager Hopfenhändlers, einem ehemaligen Commis in einem Galanteriewaarengeschäft, der sich vom „Figaro" hatte adeln und zum ungarischen Cavalier und Großgrundbesitzer machen lassen, verheirathet, nachdem der Ex-Commis es verstanden, durch sein keckes Auftreten und seinen Talmi-Luxus die Liebe des jungen Mädchens zu gewinnen. Bald stellte sich jedoch beim neuverheiratheten Paare eine stets akuter werdende Geldklemme ein. Vergeblich wandte sich Frau Marie zuerst an ihre Großmutter, die alte, steinreiche Prinzessin de la Moskwa. Auf den Knieen flehte sie dieselbe an, noch einen Wechsel zu unterzeichnen, erlangte von dieser aber nur die Antwort:

„Du langweilst mich — tu m'embêtes — mit Deinen Wechseln; mache sie Dir selbst!"

Darauf suchte die arg Bedrängte Zuflucht bei ihrer ebenfalls noch reichen Mutter, die nach dem Tode ihres zweiten Mannes, Lemoine, eines Sachwalters des Ex-Khedive von Egypten, Ismaïl, ihren früheren Namen und Titel wieder angenommen hatte. Die Mutter erklärte:

„Ich will Dir wohl meine Unterschrift geben, doch unter der Bedingung, daß ein Theil des Geldes, welches Du darauf erhältst, in meine Tasche fließe."

Damit war Marie Friedmann nicht geholfen. Von den Gläubigern wie ein Wild gehetzt und verfolgt, von ihrem Manne überredet, fabrizirte sie falsche Wechsel. Das Verbrechen wurde entdeckt, und beide Schuldige mußten in's Gefängniß wandern und sich von den Geschworenen verurtheilen lassen.

In einem von Ugény verfaßten Buche, betitelt: „Bilder
aus dem Familienleben der höheren Stände", welches das
Kant'sche Motto trägt: „Der Mensch wird nur Mensch durch
Erziehung", ist ein Abschnitt der bekannten Helene von Dön=
niges — Lassalle — Rakowitza — Friedmann u. s. w. ge=
widmet, eingeleitet durch einen besonderen, Luther entlehnten
Wahrspruch: „Die Eltern sind gemeiniglich schuld an der Kin=
der ihrem Verderben." Darin wird die Behauptung aufgestellt
und durch Thatsachen begründet, die ganze mehr denn abenteuer=
liche Laufbahn Helenens sei in erster Linie die Folge der
schmählichen Erziehung, die ihr seitens ihrer Eltern, speciell ihrer
Mutter, zu Theil geworden.

In der That, mehr denn die Hälfte der Schuld an den
Vergehen und Verbrechen einer Tochter trägt die Mutter. Wenn
die Tochter fehlt und fällt, kann man nicht selten, dem Spruch
des französischen Richters eine leichte Variante gebend, fragen:
„où est la mère?"

So war auch die Herzogin von Persigny zum großen
Theil für die Handlungsweise ihrer Tochter Marie verantwort=
lich zu machen. In ihrer Atmosphäre war Marie aufgewachsen.
Ihr Vorbild hatte sie von Jugend auf vor Augen gehabt. Von
Mutterliebe für sie, von Muttersorge um sie war niemals die
Rede gewesen. Dafür giebt es ja Bonnen, Gouvernanten, nicht
zu vergessen, die dames du sacré coeur. Auch später lebte,
sorgte, dachte jene Mutter allein für sich und kümmerte sich nicht
im Geringsten um das Schicksal ihres Kindes. Die Nicht=
zahlung der ihm zugesicherten Jahresrente von 25,000 Francs
hatte jedenfalls den ersten Anlaß zu den pekuniären Verlegen=
heiten gegeben, aus denen Frau Friedmann sich durch Fäl=
schungen zu retten versuchte. Zwar bemühte sich die edle
Mutter in einem vom „Figaro" veröffentlichten Schreiben sich
weißzubrennen; die Zahl der Gläubigen, die sie damit fand,
dürfte aber geringer gewesen sein, als die der im Laufe

ihres an Abenteuern reichen Lebens von ihr begünstigten Lieb=
haber.

Was die Herzogin von Persigny als Weib, das war
Janvier de la Motte als Mann. Sie paßten zusammen,
wie die zwei Handschuhe eines und desselben Paares.

Man könnte mich vielleicht fragen, warum ich so eingehend
mich mit Leuten beschäftige, die so wenig des Anziehenden bieten,
und denen nicht einmal eine hervorragende historische Bedeutung
zugeschrieben werden kann?

Meine Antwort lautet: Einmal ist die Geschichte und sind
Memoiren verpflichtet, in naturalistischer Treue auch widerwärtige
Personen zu schildern, wenn sie zur Charakteristik einer Epoche
beitragen; ferner, obschon die beiden kurz von mir skizzirten nicht
gerade eine einflußreiche Rolle gespielt haben, sind sie doch Typen
der sogenannten „guten" Gesellschaft, wie sie sich unter dem
Regime des Staatsstreichlers Louis Napoléon entwickelt hatte
und logischerweise entwickeln mußte. Ab uno disce omnes.

In der That war es eine Abscheu erregende haute-volée,
jene napoleonische im fünften und sechsten Dezennium dieses
Jahrhunderts. Eine ähnliche hatte nur die römische Kaiserherr=
schaft und das byzantinische bas-empire gezeitigt.

Louis Napoléon.

Manche rühmen die Geschicklichkeit, mit welcher Fürst Gregor Alexandrowitsch Potemkin, „Tawrischeski", der Taurier, zubenannt, seine kaiserliche Geliebte, Katharina II. von Rußland, als er sie 1787 zu einer Reise in die von ihm vier Jahre früher eroberte, verheerte und entvölkerte Krim bewog, zu täuschen verstand, indem er beide Seiten des Weges mit tragbaren Dörfern garnirte, angefüllt von in Festkleidern prangenden Einwohnern, welche als Statisten zugleich mit den Dorfdekorationen verschwanden, sobald die Czarin vorbeipassirt war, um an einem weiter vorgeschobenen Orte sich wieder aufstellen und gruppiren zu lassen. Ich bin bei einer ähnlichen, aber mit noch weit größerem Geschick ausgeführten, beinahe improvisirten, ebenfalls für kurze Dauer, wenn auch nicht auf Täuschung berechneten Umwandlung eines flachen, wüsten, sandigen Fleckchen Landes in einen reizenden Park, voll üppiger Wiesen, hoher Bäume, Hügel, Seen und Bäche, die mannigfaltigen Baulichkeiten gar nicht zu erwähnen, zugegen gewesen, welche vor einundzwanzig Jahren, wo Derartiges noch seltener geschah als heutzutage, einen großen Eindruck auf mich machte. Sie wurde vollzogen vom Präfekten des Eure-Departements, Janvier de la Motte, im Sommer 1863, um auf dem bisherigen Exercierplatze der Garnison von Evreux eine landwirthschaftliche Ausstellung zu veranstalten, welche Kaiser Napoléon III. und Kaiserin Eugenie mit ihrem Besuche zu beehren ihm versprochen hatten. Was da in der kurzen Frist von wenigen

Monaten geschaffen wurde, überstieg alle Begriffe. Es gewährte mir Freude, den täglich fortschreitenden Arbeiten dieser allmäligen Metamorphose zuzusehen. Auf niedrigen, mit vielen kräftigen Pferden bespannten Wagen wurden den benachbarten Waldungen entnommene Riesenbäume mit ihrem ganzen, sorgfältig gelösten Wurzelgeflecht angefahren, um in ein neues, besonders vor= bereitetes Erdreich verpflanzt zu werden. Hunderte von Menschen gruben eine unregelmäßige Vertiefung aus, in die aus dem nahen Flüßchen Iton Wasser eingelassen wurde, um einen Teich zu bilden, in dessen Mitte sich eine künstliche, von Birken und Tannen überragte Felseninsel erhob. Andere schichteten mit der auf diese Weise gewonnenen Erde einen Hügel auf, den bald ebenfalls dichtes grünes Gebüsch bedeckte, und von dessen Gipfel ein rauschender Wasserfall herabstürzte. Noch Andere legten Triften an, besäet mit schnell sprießendem Gras und bepflanzt mit Blumen aller Art. Außerdem wurden in ländlichem Styl Hütten, Ställe und Hürden aufgeführt. Nach verhältnißmäßig kurzer Zeit schon war es unmöglich, den früheren Platz wieder= zuerkennen, so sehr hatte er sein Ansehen verändert. In Schaaren zogen nun die Aussteller herbei mit ganzen Heerden von Pferden, Rindern, Schafen und Schweinen, durchgehends Prachtexemplare; die Vogelhäuser füllten sich mit dem seltensten Geflügel; die landwirthschaftlichen Instrumente nahmen ihre Auf= stellung unfern den Dampfmaschinen, welche einzelne von ihnen zu treiben bestimmt waren. Endlich nach vielen Mühen und mit großem Kostenaufwand war Alles fertig.

An der einen Seite des Ausstellungsgebietes hatte man eine Reihe von Tribünen errichtet, gegenüber einem abgegrenzten circusartigen Rondeel, auf dem die Officiere und Sergeanten des in Evreux stehenden Regiments reitender Jäger Quadrillen und arabische Fantasias aufführen sollten. Die mittelste, umkleidet mit purpurnen, von goldenen Bienen übersäeten Draperien und in einer kolossalen Kaiserkrone gipfelnd, war für Napoléon und

Eugenie sowie für deren Hofstaat reservirt worden; in der zur
Rechten nahmen die obersten Behörden des Departements Platz;
die zur Linken hatte man uns kriegsgefangenen mexikanischen
Officieren angewiesen.

Als das Kaiserpaar, von dem devotest lächelnden, katzen=
buckelnden Janvier de la Motte begleitet, erschien, spielte die
Militärmusik das angeblich von der Königin Hortense, in
Wahrheit von ihrem musikalischen Sekretär, dem Flötenvirtuosen
Drouet, verfaßte „Partant pour la Syrie“, Geschütz= und
Gewehrsalven donnerten, die Glocken läuteten, und ein vieltausend=
stimmiges „Vive l'empereur!“ durchbrauste die Luft: .

Obgleich man mir sagte, Louis Napoléon befände sich
an jenem Tage in außergewöhnlich guter Laune, so hatte sein Ge=
sicht doch einen mehr mürrischen als zufriedenen Ausdruck. Seine
Vertrauten hatten ihm den bezeichnenden Spitznamen: „der me=
lancholische Papagei“ gegeben. Der langzugespitzte Schnurrbart
hing unter der unschönen großen Nase so tief über den Mund
herab, daß man dessen Bewegungen beim Sprechen kaum wahr=
nehmen konnte; die Augen, von schlaffen Lidern verhängt, waren
glanzlos, sie glichen denen eines Raubthieres, welches das Tages=
licht nicht zu ertragen vermag; der kleine, etwas dicke und plumpe
Körper ruhte auf zu kurzen Beinen; der Gang war schleppend
und schwerfällig — in dem ganzen Menschen kein Zoll ein
Kaiser!

Auch Eugenie fand ich weniger schön, als ich sie mir nach
den vielfachen Beschreibungen und massenhaft verbreiteten Bildern
vorgestellt hatte, wenn ich auch nicht leugnen will, daß sie mit
ihrem majestätischen Gange, den feingeschnittenen Zügen, in
denen Nichts die spanische Herkunft verrieth, dem röthlich=blonden
Haar, dem etwas langen, doch graciös schwanenartig sich biegen=
den Halse und der ebenmäßig gerundeten Büste wohl geeignet
war, überall Aufmerksamkeit zu erregen und Bewunderung. Nur
die über ihr ganzes Wesen ausgegossene, vermuthlich affektirte

Kühle berührte mich unangenehm. Vielleicht war mein nicht
eben günstiges Urtheil ein befangenes, weil ich nicht umhin
konnte, in ihr die Hauptfeindin meines Adoptivvaterlandes zu
erblicken.

Seitdem die Enkelin des irischen Produktenhändlers Kirk=
patrick in Malaga der Galanterie mehr oder weniger über=
drüssig geworden und außer der Religion auch der Politik sich
zugewendet hatte, war ihre verderbliche Hand in allen Staats=
actionen des Kaiserreichs erkennbar. Durch Don Pelagio de
Labastida, den stattlichen Erzbischof von Mexiko, sinnlich und
geistig gewonnen, hatte sie hauptsächlich ihren Mann beredet, den
wahnwitzigen Zug gegen Mexiko zu unternehmen. Man erzählt,
daß Louis Napoléon, als er die Wiederwahl des freisinnigen
Eugène Pelletan zum Abgeordneten von Paris erfahren, zur
Kaiserin gesagt habe:

„Sehen Sie hier, Madame, eine der Folgen der mexi=
kanischen Expedition, welche Sie mir angerathen haben!"

Auf ihre Veranlassung mußten später, 1867, die Chassepots
„Wunder thun" in Mentana. Naturgemäß hatte die Ex=Magda=
lena sich in eine Betschwester, Jesuitenfreundin und Beschützerin
des katholischen Glaubens umgewandelt. Voltaire sagt sehr
richtig in seiner „Pucelle": „Car de l'amour à la dévotion
il n'est qu'un pas: l'un et l'autre est faiblesse." Die logische
Folge der Leichtfertigkeit ist die Bigotterie. Eugenie hielt es
für ihre heilige Pflicht, sowohl den wankenden weltlichen Thron
des Stellvertreters Gottes in Rom zu stützen, als auch für die
materiellen Interessen der durch die „Reformgesetze" geschädigten
Klerisei in Mexiko einzutreten, um so bereitwilliger, als höfische
Gelehrte ihre Genealogie bis auf den letzten Aztekenkaiser, Mocte=
zuma II., zurückgeführt hatten.

Es ist wohl kaum nöthig, hier zu erwähnen, daß sie auch
die größte Schuld an dem letzten Kriege Frankreichs gegen
Preußen und Deutschland trägt. Nur als Beitrag zu dem

Anekdotenschatz, welcher die näheren, den Ausbruch jenes Krieges begleitenden Umstände illustrirt, erlaube ich mir die Schilderung einer Scene einzuschalten, die am 12. Juli 1870 in einem Gemache des Palastes von Saint=Cloud sich abspielte, wie sie seinerzeit von einem Ohrenzeugen mitgetheilt wurde.

Die Depesche, welche die Entsagung des Prinzen Anton von Hohenzollern im Namen seines Sohnes Leopold auf den spanischen Thron meldete, war gerade angekommen und befand sich in den Händen Napoléon's III. Unter den wenigen Anwesenden herrscht bange Stille. Dem Herzog von Gramont, der den Mund öffnen will, winkt der Kaiser zu schweigen. In einer Fensternische lehnt Eugenie, sich leise mit ihrem Günstling, dem italienischen Gesandten Cavaliere Nigra, unterhaltend und von Zeit zu Zeit zu ihrem Gemahl hinüberschielend. Stumm und regungslos sitzt dieser im Lehnstuhl, den eigenthümlich starren Blick, aus welchem schwer ein Gedanke herauszulesen war, auf das wichtige Papier geheftet. Niemand wagt, ihn in seinen Grübeleien zu stören. In seinem Kopfe bekämpfen sich Krieg und Frieden; von dem jetzt von ihm zu fassenden Entschlusse hängt ja, wie oft schon, das Schicksal seines Landes, hängt die Ruhe Europas ab. Da regt sich der stumme Mann, wirft matt den Kopf zurück und spricht mit der bekannten näselnden Metallstimme die bedeutsamen Worte:

„Je vais encore une fois donner au monde un grand exemple de ma modération" — noch einmal will ich der Welt ein großes Beispiel meiner Mäßigung geben . . .

„De ton avachissement", schrillt alsbald eine scharfe Frauenstimme dazwischen, und Eugenie, wild auffahrend, reißt dem Kaiser die Depesche aus der Hand und zerknittert sie in fieberhafter Erregtheit.

Der Pantoffeldespotismus war damals längst schon bei dem akuten Stadium angelangt, ein Widerstand seitens Napoléon's unmöglich. Zwanzig Minuten hatte er gebraucht, um sich für

den Frieden zu entschließen; in einer Sekunde hatte Eugenie
sich für den Krieg entschieden, für einen Krieg, der vielen
Tausenden von kräftigen Männern das Leben kosten, viele
Tausende von Familien in's Elend stürzen und Frankreich,
wenigstens vorübergehend, zu einer Macht zweiten Ranges de=
gradiren sollte.

Nur en passant will ich auf die elegante Sprechweise der
kaiserlichen Frau aufmerksam machen Avachissement war,
wie es scheint, ein Lieblingsausdruck von ihr, mit dem sie die
physische und geistige Gebrochenheit ihres hohen Gemahls male=
risch zu bezeichnen pflegte.   Das Wort ist unübersetzbar; jeder
Versuch, es in eine andere Sprache zu übertragen, würde ihm
sein nach dem Kuhstall und — nach den Tuilerien duftendes
Parfum nehmen.   Ueberhaupt war der napoleonische Hof nichts
weniger als eine Akademie des feinen Conversationstones. Bei=
spielsweise betitelte Eugenie ihre Cousine, die Prinzessin Ma=
thilde, stets nur „la gueuse", während diese sich dafür
mit dem jener beigelegten zarten Spitznamen „la charogne"
revanchirte.

Und diese Frau, die einstige enthusiastische Besucherin der
Stierkämpfe, die kühne Amazone, vor ihrer Ehe mit Napo=
léon III. die Heldin mancher galanter Abenteuer in Madrid,
in Spaa und in Paris selbst, die Erfinderin der Crinoline,
ursprünglich dazu bestimmt, eine zu frühzeitige Rundung der
Taille zu verdecken, die Begründerin eines fast unmoralisch zu
nennenden Luxus in Frankreich, diese Frau mit einer so eigen=
thümlichen Vergangenheit feierte der Advokat Lachaud im
Trochu'schen Prozesse als „arme, erhabene Regentin, welche
die letzten Stunden ihrer Herrschaft durch so viel Edelsinn und
Heldenmuth verherrlicht" habe.   Nachdem sie zu demselben
Trochu, nach Eintreffen der Sedaner Unglücksbotschaft, mit
theatralischem Pathos gesagt hatte: „Nicht um die Dynastie,
um Frankreich handelt es sich nun!"; nachdem sie, ein Gene=

ralissimus im Unterrocke, die Wälle hatte besteigen wollen, um
die Soldaten zum Kampfe anzufeuern, blieb sie erst ruhig in
ihrem Boudoir und floh dann verkleidet nach England! Auch
Gefühl zeigte sie, die gesagt hatte: „Je veux avoir ma guerre
à moi!"; sie weinte helle Thränen über den Tod ihres Mannes,
für den sie schwerlich jemals uneigennützige Zuneigung empfunden
hatte, und vergißt nie, der alljährlich für den Verstorbenen cele=
brirten Seelenmesse beizuwohnen. Als sie sich später von Chisel=
hurst eine Zeit lang nach Arenenberg begab, bemühten sich mit
Erfolg die bonapartistischen Parteigänger die Theilnahme senti=
mentaler Narren für Eugenie zu erwecken.

„In Arenenberg", so lauteten die berechneten Zeitungsberichte,
„führt sie ein äußerst zurückgezogenes Leben. Sie ist leutselig
und freundlich und nimmt die Huldigungen, welche man ihr dar=
bringt, mit stiller Wehmuth entgegen. Sie übt einen wunder=
baren Zauber aus auf Alle, die ihr nahe kommen. Sie spricht
wenig über Politik, und wenn sie es thut, stets in höchst ge=
messenen Ausdrücken. Sie scheint nur an der Gesundheit des
Papstes Pionono innigen Antheil zu nehmen."

Das hinderte sie aber nicht, in einem unbewachten Augen=
blicke, als die Möglichkeit einer Wiederherstellung des Kaiser=
reichs in ihrer Gegenwart erörtert wurde, die bezeichnenden
Worte dem Gehege ihrer weißen Zähne entschlüpfen zu lassen:
„Wir werden uns die Stunde wählen."

Erst seitdem auch ihr Sohn, den ich als hübschen blondlocki=
gen, aber damals überaus schwächlichen, kränklichen und blassen
Knaben wiederholt in Paris gesehen habe, von den Assagais der
Zulus durchbohrt, im fernen Afrika gefallen ist, hat sie gezwungener
Weise auf ihre ehrgeizigen Pläne verzichtet. Darum darf sie aber
sicherlich keinen reicheren Zoll an Mitleid beanspruchen als irgend
eine der vielen Mütter, welche indirekt durch der Kaiserin Schuld
ihre Söhne im mexikanisch= oder im deutsch=französischen Kriege
verloren haben. Ueberhaupt gebe ich nicht zu, daß eine Mutter,

weil sie zufällig auf einem Throne gesessen hat, wegen des Todes
ihres Gatten oder Sohnes mehr zu bedauern sei als in gleichem
Falle eine Proletarierfrau. Eher muß das Gegentheil geschehen,
denn diese verliert in der Regel mit ihnen ihre einzige Stütze
in der Gegenwart, ihre ganze Hoffnung auf die Zukunft und
bleibt in Elend und Verlassenheit zurück, während jene sich
wenigstens mit dem spanischen Sprichwort trösten kann:
„Schmerzen mit Brod sind erträglich."

Im Jahre 1863 strahlte Eugenie noch als glänzendster
Stern am Kaiserhimmel von Frankreich, den auch die vom
fernen Westen, von Mexiko her aufsteigenden Wolken noch nicht
zu trüben vermocht hatten. Damals sah ich sie zum ersten und
letzten Male.

Mit Louis Napoléon war ich schon früher, im Spät=
herbst 1848, also bevor er es noch durchgesetzt hatte, sich zum
Präsidenten der französischen Republik wählen zu lassen, zufällig
zusammengetroffen. Das ereignete sich an einem Empfangs=
abend in den Salons des Generals Eugen Cavaignac,
welcher behufs Unterdrückung des theilweise durch bonapartistische
Intriguen angezettelten Juniaufstandes von der zaghaften Na=
tionalversammlung mit der Militärdiktatur betraut und nach der
blutigen Niederwerfung der Revolte zum Präsidenten des Minister=
conseils der Executivgewalt, somit zum provisorischen Staatsober=
haupt ernannt worden war. Er bewohnte, wenn mein Gedächtniß
mich nicht trügt, den einstigen Palast der Königin Hortense in
der rue de Varennes.

Zu jener Zeit weilte in Paris der vorübergehend liberal
angehauchte Historiker Friedrich von Raumer, mit welchem
ich als Knabe im Kreise meiner Familie viel verkehrt hatte. Er
befand sich dort in diplomatischer Mission, nämlich als „Ver=
treter der deutschen Centralgewalt". Seine Stellung war aber
eine durchaus falsche. Die französische Regierung erklärte, es
gäbe bereits bei ihr beglaubigte Gesandten von Oesterreich, von

Preußen, von Baiern u. s. w., von einer „deutschen Central=
gewalt" habe sie jedoch amtlich keine Kenntniß, und so mußte
denn Raumer zu Anfang des Jahres 1849 die Seinestadt
unverrichteter Sache wieder verlassen; es war ihm nicht gelungen,
seine Anerkennung zu erwirken. Da er aber inzwischen mit den
Machthabern Frankreichs Umgang pflog, so war mir durch seine
freundliche Vermittlung eine Einladung zu jener Soirée zu Theil
geworden. Ich folgte derselben in seiner Begleitung um so
lieber, als ich auf diese Weise Gelegenheit fand, einzelne der
Koryphäen der französischen Februar=Revolution, allerdings nur
oberflächlich, kennen zu lernen, wenn auch meine ursprüngliche Be=
geisterung für jene Erhebung schon bedeutend abgenommen hatte.
Damals würde ich kaum mehr die Verse niedergeschrieben haben,
mit welchen ich Frankreich im Frühling jenes Jahres begrüßt
hatte:

„Stets hat der gallische Hahn zuerst den Morgen geahnet,
　Alle Völker sein Ruf stets aus dem Schlummer geweckt;
Aber zuerst auch stets auf der Freiheit Altar geblutet,
　Sühne der eigenen Schuld, doch zur Erlösung der Welt."

Um so weniger hätte ich es gethan, als seit den Junitagen
sich immer deutlicher herausstellte, daß die Februarrepublik exklusiv
spießbürgerliche Tendenzen verfolgte, nachdem ihr anfängliches
Interesse für den Arbeiterstand nach mehreren verfehlten An=
läufen, ihm zu helfen, vollständig erloschen war.

Raumer selbst stellte mich zuerst Cavaignac vor. Dem
Aeußern nach war der General ein kleiner Mann mit kleinem,
breitstirnigem, zum Kinn spitz zulaufendem Kopfe und mattem
Gesichtsausdruck, der politischen Meinung nach ein ehrlicher Libe=
raler der alten Schule, welche sich nicht über den Satz des Abbé
Sieyès, der dritte Stand solle Alles sein, zu erheben vermochte,
darum unfähig, das Produkt der gährenden Neuzeit, den vierten
Stand, richtig zu würdigen, und unwillig, ihm gleiche Rechte
zuzuerkennen.

Darauf vermittelte Raumer meine Bekanntschaft mit dem phantasiereichen, melodischen, doch für meinen Geschmack viel zu süßlichen und selbstgefälligen Dichter und späteren schwächlichen, allein durch seine rhetorische Begabung sich auszeichnenden Politiker Alphonse von Lamartine, der aus „einem der schönsten Kinder des Landes", wie er selbst sich genannt, zu einem in der That auffallend stattlichen und schönen Mann sich entwickelt hatte. Gegen sein Exterieur habe ich nichts einzuwenden, wohl aber gegen seinen Charakter, namentlich wie dieser sich bei vorge= schrittenen Jahren kundgab. Welchen Mangel an Würde bewies Lamartine nicht dadurch, daß er, durch seine unsinnige Ver= schwendung theilweise ruinirt, obgleich immer noch im Luxus lebend, 1856 eine Nationalbettelei zu seinen Gunsten veranstalten ließ und keinen Einwand erhob, als sein früherer politischer Gegner Napoléon III. seinen Namen als den des ersten Spenders auf der Subskriptionsliste eintrug! Noch kläglicher benahm sich Lamartine 1865.

In einer Reihe von Skizzen, welche ich zu Ende jenes Jahres in New=York unter dem Titel: „Mexiko und die mexi= kanische Frage" veröffentlichte, charakterisirte ich ihn in nicht sehr schmeichelhafter Weise, wie folgt:

„Jene politische Penelope, deren einziges Geschäft darin be= steht, in ihren alten Tagen das Gewebe aufzutrennen, das sie während ihres rüstigen Alters gewebt, jene Dichtermumie, die sich jetzt in eine Kapuzinerkutte gehüllt hat, jene widerliche Ne= gation alles früheren Meinens, Wirkens und Strebens, jene Incarnation des pater peccavi, jener greinende Klagegesang, dessen monotoner Refrain ein ewiges mea culpa, mea culpa ist, jene eitle Kokette, die ihre gelb und runzlig gewordenen re= publikanischen Züge unter römisch=absolutistischer Schminke zu ver= stecken sucht: kurz jener Lamartine, dessen Namen kein frei= sinniger Mann heute anders als mit Bedauern und mit Ekel ausspricht, hat in der letzten Lieferung seiner „Litterarischen Unter=

haltungen" auch sein Urtheil über die mexikanische Expedition ab=
gegeben. Er geht von dem Grundsatz aus, über den man sich
erbittern müßte, wenn er nicht gar zu lächerlich wäre, daß
„Amerika das Eigenthum Europas ist", und schließt daraus, die
Idee, Mexiko mit französischen Truppen zu besetzen, sei „gerecht
wie die Nothwendigkeit, unermeßlich wie der Ozean, neu wie ein
à propos, fruchtbar wie die Zukunft". Nach seiner Ansicht
müßte Europa sogar die Hand auf die übrigen Länder Amerikas,
selbst auf die Vereinigten Staaten legen, weil sie Güter besitzen,
die den Europäern nützlich sind (!). „Wer weiß nicht", sagte er,
„daß das Getreide und das Mehl Amerikas, vornehmlich das
des Missisippithales, im Fall einer allgemeinen Hungersnoth
die Kornkammern sind der Welt, wie Sizilien die für Rom
war." Also — muß das Mississippithal eine europäische Co=
lonie werden. „Wer weiß nicht", fügte Lamartine hinzu, „daß
das zu münzende Kapital sich in ungeheurer Menge in Mexiko
befindet, in Peru, in Sonora" — mit Herrn von Lamar=
tine's Verlaub ist Sonora nur ein Staat der mexikanischen
Bundesrepublik; Franzosen sind aber in der Regel schlechte Geo=
graphen — „daher das Recht, welches die relative Armuth
Europas hat, sich jener Schätze zu bemächtigen." — Eine herrliche
Apologie aller Spitzbuben und Räuber, die mit einer albernen
Justiz in Conflict gerathen, weil sie im Kleinen die Lamar=
tine'schen Grundsätze auf Kosten der Börsen ihrer Mitmenschen
in Anwendung bringen!

Wahrscheinlich wollte der „schöne Alphonse" mit dieser
Glorificirung der Intervention in Mexiko Napoléon III. seinen
Dank abtragen für das ihm neun Jahre früher gewährte Al=
mosen. So tief war er im Spätherbst 1848 noch nicht ge=
sunken, doch auch damals schon befand sich sein politischer Stern
im Erbleichen, seine Popularität, die während der ersten Monate
der Februar=Republik wie ein Strohfeuer aufgeflammt war, nahe
dem Verlöschen.

Ich brauche es mir darum nicht als eine besondere Ehre
anzurechnen, mit dem Dichter der „Méditations", der „Har-
monies" und des „Jocelyn", dem Verfasser der ungeschichtlichen
„Histoire des Girondins" einige gleichgiltige Worte gewechselt
zu haben.

Die dritte historische Persönlichkeit, welcher an jenem Abend
Friedrich von Raumer mich vorstellte, war der „Deputirte"
Louis Napoléon, der damals seine liberal=socialistisch schillernde
Haut noch nicht abgestreift hatte.

Wenn ich nicht irre, sprachen wir mit einander deutsch,
war er doch auf dem Augsburger Gymnasium erzogen worden,
und hatte er doch eine Zeit lang als Artilleriehauptmann dem
Canton Thurgau gedient, so daß er dieser Sprache ziemlich
mächtig war. Der Inhalt meiner Unterhaltung mit ihm ist
mir gänzlich entfallen. Im Oktober 1848 konnte ich nicht ahnen,
welch' glänzende Zukunft ihm bevorstand. Sogar seine Mit=
bewerbung um die Präsidentschaft der Republik wurde von Vielen
nicht allzu ernst genommen, obgleich seine Anhänger mittelst der
Presse und in Volksversammlungen eifrigst für ihn thätig waren
und mit den Millionen des Banquiers und späteren Ministers
Fould überall Proselyten warben.

Wenige Tage vorher hatte ich ihn an einem offenen Fenster
des an der Ecke des Vendôme=Platzes gelegenen Hôtel du Rhin
stehen gesehen, während erregte Massen seine Candidatur dis=
kutirten, und bestochene Agitatoren schreiend, gestikulirend, mit der
einen Hand auf die Statue des „kleinen Korporals" nach der
Spitze der Säule hinaufdeutend, mit der andern nach jenem
offenen Fenster hinweisend, eine Parallele zogen zwischen l'oncle
und le neveu.

Der 10. Dezember 1848 kam heran. Louis Napoléon
schlug mit der unerwarteten Mehrheit von fünf und einer halben
Million den General Cavaignac, der durch die gegen die Juni=
kämpfer verübten Grausamkeiten einen großen Theil seiner Volks=

thümlichkeit eingebüßt und es darum nur auf anderthalb Millionen
Stimmen gebracht. Nun hatte der Pseudo = Bonaparte den Fuß
im Bügel. Seit seiner Jugend war er Prätendent gewesen,
namentlich nachdem er durch den Tod seines 1832 in der Pro=
vinz Forli in Italien ihm sehr gelegen, wie es heißt, an Gift
gestorbenen älteren Bruders sowie durch den des Herzogs von
Reichstadt das anerkannte Haupt der napoleonischen Dynastie
geworden.

Man erzählt, am Abende vor Napoléon's I. Abreise zur
Schlacht von Waterloo habe der damals siebenjährige Prinz
Louis seinen Onkel flehentlich gebeten, ihn begleiten zu dürfen,
und dieser, nachdem er ihn gerührt in seine Arme geschlossen,
zu dem anwesenden Marschall Ney gesagt:

„Er ist vielleicht die Hoffnung meines Geschlechts"

Wer weiß, ob diese Worte in dem Gehirn des Knaben nicht
Wurzel gefaßt haben, ob sie nicht der erste Anlaß zu seinen
Prätendententräumen gewesen sind!

Die 1848 erreichte Präsidentschaft der Republik galt ihm
selbstverständlich als erste Stufe zur Erklimmung des Kaiser=
throns.

Unmittelbar nach seiner Wahl ließ er auf dem Eintrachts=
platz und in den elysäischen Feldern eine großartige Parade ab=
halten. Als in jeder Hinsicht unbetheiligter Zuschauer wohnte
ich ihr bei. Etwa dreißigtausend Mann Liniensoldaten und
Nationalgardisten defilirten vor dem neuen Präsidenten, welcher
zu Pferde, gegenüber dem Obelisken von Luxor, mit dem Rücken
gegen den Tuileriengarten Aufstellung genommen hatte. Schon
bei dieser Gelegenheit beging er eine Gesetzwidrigkeit, indem er
die ihm gar nicht zukommende Uniform eines Generals der
Nationalgarde angelegt hatte. Während die Truppen vorbei=
marschirten, stieg hinter dem Präsidenten ein künstlicher gold=
schimmernder Adler, von irgend einer in ihm verborgenen Ma=
schinerie in Bewegung gesetzt, in die Luft. Die Reminiscenz

an den 1840 von dem Prätendenten aus England nach Boulogne
mit herübergebrachten lebenden Adler mußte sich aller Welt dabei
aufdrängen; ebensowenig konnte man über die symbolische Be=
deutung des Thieres in Zweifel sein. Kluge Leute begannen
bereits ernstliche Befürchtungen betreffs des Fortbestandes der
republikanischen Staatsform in Frankreich zu hegen.

Mir zur Seite standen, nicht weit von Louis Napoléon
entfernt, mehrere Pensionäre des Invalidenhotels in ihren blau=
grauen Uniformen, die Brust mit Medaillen bedeckt, einzelne
auch das Kreuz der Ehrenlegion an blutrothem Bande tragend.
Diese alten Ueberreste der Armeen des ersten Napoléon waren
besonders gut gelaunt; augenscheinlich hatte man ihnen an jenem
Morgen eine dreifache Ration besseren Weines zum Frühstück ver=
abreicht. Sie wurden denn auch nicht müde, „vive Napoléon"
zu rufen. Für sie war schon Ende 1848 das Kaiserreich von
Neuem erstanden.

Ein alter graubärtiger Stelzfuß vermochte sich gar nicht
satt zu sehen an dem Präsidenten. Freudenthränen, wohl auch
die Folge der ausgiebigen Frühlibation, entrollten seinen Augen,
und mit schluchzender Stimme wiederholte er immer wieder:

„Tout à fait le nez de son oncle!"

Allerdings eine merkwürdige Aehnlichkeit, d. h. wenn sie existirt
hätte! — Louis Napoléon war wohl der Sohn von Hortense;
der ihr von ihrem Stiefvater als Gemahl aufgedrungene König von
Holland jedoch nur insofern dessen Vater, als nach dem römischen
Rechte is pater est quem nuptiae demonstrant. Als wirk=
licher auteur de ses jours gilt bekanntlich ein holländischer Ge=
neral oder Admiral. Darum lag in Napoléon's III. Physiog=
nomie sehr viel Batavisches, aber gar nichts Napoleonisches.

Manche sind freilich der Meinung, sein Onkel sei sein Vater
gewesen. Im Jahre 1818 sagte die Frau eines Ministers, der
man das Bildniß Louis Napoléon's gleichzeitig mit dem des
Herzogs von Reichstadt zeigte:

„Man möchte schwören, daß sie von derselben Familie sind!"
Und diese Worte fanden als willkommener Beitrag zur
chronique scandaleuse weiten Widerhall in den aristokratischen
Kreisen von Paris.

Nichtsdestoweniger steht es beinahe fest, soweit in solchen
Sachen überhaupt von Feststehen die Rede sein kann, daß jene
Annahme eine irrthümliche war.

Während Louis Napoléon wegen seines Boulogner
Streiches zu Ham im Gefängniß saß, erkrankte plötzlich schwer
der von seiner Gemahlin getrennt in Florenz lebende Exkönig von
Holland. Der angebliche Sohn richtete nun ein Bittgesuch an
Louis Philippe, sich an das Sterbebett seines putativen Vaters
begeben zu dürfen; kaum aber hatte Letzterer davon erfahren, so
weigerte er sich auf das Entschiedenste, jenen Menschen zu
empfangen, und bekräftigte dadurch natürlich das Gerücht von
dessen unehelicher Geburt.

Die gynaikokratische Erbfolge ist jedenfalls die vernünftigere.
Sehr richtig sagte eine französische Königin zu ihrem Gemahl:
„Moi je puis faire sans vous un dauphin; vous sans moi
vous ne pouvez faire qu'un bâtard."

Nach dieser Regel hatte Hortense Beauharnais ohne
den König Louis einen Nachfolger des ersten Napoléon gemacht.

Als Aristophanes von Kleon angeklagt wurde, sich unrecht-
mäßigerweise den Titel eines Bürgers von Athen beigelegt zu
haben, vertheidigte er sich vor Gericht mit den Versen Homers:

„Meine Mutter, die sagt's, er sei mein Vater, doch selber
Weiß ich's nicht, denn von selbst weiß Niemand, wer ihn erzeuget."

Ganz ebenso konnte Louis Napoléon sprechen.

Ich stimme übrigens keineswegs Victor Hugo bei, welcher
Napoléon III. im Gegensatze zum ersten als „Napoléon le
petit" bezeichnet. Es ist vielmehr sehr fraglich, wer von Beiden
mit mehr Recht den Beinamen des „Großen" verdient, so
wie dieser in der heute leider immer noch üblichen, nach dem

Erfolge, ohne Rücksicht auf die angewandten Mittel urtheilenden Geschichtsschreibung, verliehen zu werden pflegt. An Gesinnungs= losigkeit, Herzenshärte, Grausamkeit und Selbstsucht, an mo= ralischer Verderbtheit überhaupt stehen Beide auf einer gleich= tiefen Stufe. Die Charakteristik, welche Frau von Staël von Jenem entwarf, paßt auch auf Diesen. Sie sagte: „Ich hatte das dunkle Gefühl, daß es keine Regung des Herzens gebe, welche jemals auf ihn Eindruck machen würde. Er sieht ein menschliches Wesen als eine Sache, ein Werkzeug, aber nicht als seines Gleichen an; für ihn giebt es nur sein eigenes Ich, und das ganz allein. Die Macht seines Willens besteht in der nicht zu erschütternden Berechnung seines Egoismus; er ist ein ge= schickter Schachspieler. Weder das Mitleid noch die Zuneigung, weder die Religion noch die Hingebung an irgend eine Idee werden ihn jemals von seiner einmal genommenen Richtung abbringen."

An geistiger Begabung und positiven Kenntnissen ist jedoch), meiner Ansicht nach), der Dritte dem Ersten überlegen. Das Ur= theil, welches Talleyrand einmal über Napoléon I. fällte: „Quel dommage qu'un si grand homme ait été si mal élevé!" ist nur in beschränktem Maßstabe auf Napoléon III. anzu= wenden. Er hatte viel gelernt, mehr noch gedacht, er besaß einen scharfen Blick für die praktischen Verhältnisse und wußte die Situationen, wie sie sich ihm darboten, zu seinem Vortheil zu benützen. Gerade weil er, im Gegensatze zu seinem Onkel, kein brutaler Verächter der „Ideologen" war, gerade weil er selbst in seiner Jugend sich für eine Reform der Gesellschaft, für eine Vermehrung des allgemeinen Wohls, für eine Erweiterung der Volkssouveränetät begeistert hatte, war er weniger ungeeignet als Jener, zum Glücke seines Landes beizutragen.

Sogar auf dem Throne war er diesen Ideen nicht völlig untreu geworden.

Als er am 25. Januar 1863 die Preise an die auf der

Londoner Weltausstellung damit ausgezeichneten französischen Aus=
steller vertheilte, sagte er unter Anderm: „Meine Aufgabe wird
stets sein, den vernünftigen Fortschritt der öffentlichen Meinung
zum Maßstab der Verbesserungen zu nehmen und von dem Wege,
welchen Sie durchlaufen müssen, administrative Hindernisse zu
beseitigen." In vieler Hinsicht ist er in der That dieser Auf=
gabe nachgekommen.

Seine zweiundzwanzigjährige Regierung hat viele wohl=
thätige Spuren in Frankreich zurückgelassen. Namentlich ist
die auf seinen Befehl durchgeführte Vermehrung und sorgfältige
Pflege der Landstraßen anzuerkennen, sodaß selbst Vicinalwege,
welche nur ein Dorf mit einem andern verbinden, oft besser ge=
halten waren als in andern Ländern die Chausseen. Ebenso
verdient uneingeschränktes Lob seine im Widerspruch mit den alt=
französischen Traditionen bethätigte, allein vernünftige und fälsch=
lich für unpatriotisch angesehene Freihandelspolitik. Die durch
Napoléon III. bewirkte Steigerung des Nationalreichthums be=
fähigte das Land, die furchtbaren Schläge, welche ihm 1870 und
1871 die Deutschen ertheilten, verhältnißmäßig leicht auszuhalten
und in auffallend kurzer Zeit die milliardenhohe Kriegsentschädi=
gung zu bezahlen, ohne an der kostspieligen Reorganisation des
Heeres und der Verwaltung zu sparen.

Der gegenwärtige, wenn auch sogar innerhalb der Partei
selbst nicht unbestrittene Chef der Bonapartisten, Prinz Jérome
Napoléon, tritt, wie aus dem kürzlich aus Anlaß der zwischen
ihm und seinem ältesten Sohne Victor bestehenden Mißver=
ständnisse von ihm erlassenen Manifeste erhellt, ebenfalls als
Vertreter und Dolmetscher jener napoleonischen Ueberlieferung
auf. Er geht darin sogar so weit — für seine Hintergedanken
bin ich nicht verantwortlich — zu erklären: „Vergessen Sie nie=
mals, daß der Name Napoléon nicht ausschließlich eine Re=
gierungsform repräsentirt. Kaiserreich oder Republik, das ist
eine nebensächliche Frage, deren Lösung von dem Willen des

Volkes abhängt, und die Republik würde im Uebrigen den Nach=
kommen des ersten Consuls und des einzigen Präsidenten der=
jenigen Republik; welche durch die Abstimmung des Volkes ein=
geführt wurde, keineswegs mißfallen. Der Name Napoléon be=
zeichnet vor Allem: Entwickelung der französischen Revolution,
Achtung vor der Souveränetät des Volkes, Liebe zum Volke ohne
Unterschied zwischen Bauer und Arbeiter, endlich der Wille, die
dringenden socialen Reformen auszuführen und die Demokratie
der Ohnmacht und Beutegier zu entreißen. Für diese erhabene
Sache haben die Napoléons gekämpft und gelitten."

Sonderbar berührt es Einen, aus dem Munde oder der
Feder eines Napoléon III. Aussprüche zu vernehmen, wie
folgende:

„Marschirt an der Spitze der Ideen Eures Jahrhunderts, so
werden diese Ideen Euch folgen und stützen; marschirt in ihrem
Gefolge, sie werden Euch mit sich fortreißen; marschirt gegen sie,
sie werden Euch niederwerfen."

Er glaubte anfänglich in der That, der Träger der Ideen
des neunzehnten Jahrhunderts zu sein; ja in gewisser Beziehung
war er es auch, wie z. B. mit der von ihm wieder in's Leben
gerufenen, auch die Gegenwart noch beherrschenden Nationalitäts=
idee, welche freilich viel Unglück über die Menschheit gebracht
hat und noch bringen wird, doch aber unleugbar der allgemeinen
Tendenz der heutigen Epoche entspricht.

Eine andere Aeußerung Napoléon's III. lautet: „Die
Erhebung von Abgaben ist mit der Thätigkeit der Sonne zu
vergleichen, welche die Dünste der Erde aufsaugt, um sie dann
in der Form von Regen über alle diejenigen Orte zu ver=
theilen, welche des Wassers bedürfen, um befruchtet zu werden
und hervorzubringen" — gewiß ein nationalökonomisch richtiger
Satz, der dadurch nichts von seiner Wahrheit verliert, daß er selten
befolgt wird und auch von Napoléon selbst häufig außer Augen
gelassen wurde.

Eine dritte Maxime desselben Mannes war: „Die fremde Unterstützung ist stets ohnmächtig, Regierungen, welche die Nation nicht annimmt, zu retten."

Warum hatte Napoléon sich nicht dieses absolut wahren Spruches erinnert, als er den später so kläglich gescheiterten Versuch machte, Erzherzog Maximilian von Habsburg gegen den Willen der Mexikaner, die nichts von ihm wissen wollten, auf dem leichtfertig zusammengezimmerten Kaiserthron in Anahuac zu halten? Allerdings waren zu jener Zeit schon die geistigen Fähigkeiten des Franzosenkaisers im Abnehmen begriffen. Gleich dem professionellen Politiker Mr. Ratcliffe in der amerikanischen Novelle „Demokratisch" konnte er von sich sagen: „Ich bin so weit, daß ich nicht mehr weiß, was Recht und Unrecht ist. Ist das nicht das erste Erforderniß in der Politik?" Daß es nicht das erste, hat Napoléon III. und haben andere berühmte Staatsmänner zu ihrem eigenen Schaden an sich erfahren.

Ich glaube durch diese Bemerkungen bewiesen zu haben, daß ich nicht gewillt bin, die einzelnen guten Seiten an Louis Napoléon zu verkennen und zu verschweigen. Wie streng auch das Urtheil ausfallen mag, welches man vom Standpunkt der Ehrenhaftigkeit über ihn als Menschen wie als Politiker abgeben muß, so kann man doch nicht umhin einzugestehen, daß er in seiner öffentlichen Laufbahn von 1848 bis zum Beginn der verfehlten mexikanischen Expedition Proben einer seltenen Geschicklichkeit abgelegt. Von ihm hauptsächlich hat Fürst Bismarck viel gelernt, nur daß der Schüler später dem Meister „über" wurde.

Bis zum Abschluß der Londoner Convention war Napoléon III. ohne Zweifel der schlaueste Monarch seiner Zeit. Kein anderer konnte sich so bedeutender Erfolge rühmen. Diese dürfen indeß nicht allein seiner Klugheit zugeschrieben werden. Drei andere Ursachen existiren, in denen sie vornehmlich begründet sind: einmal, ein in den meisten seiner Handlungen

sich offenbarender, muhamedanisch zu nennender Fatalismus.
Louis Napoléon glaubte gleich Wallenstein an seinen Stern.
Darum ließ er sich auch durch keine Fehlschläge, nicht einmal
durch den in Frankreich besonders schwer zu verwindenden Fluch
der Lächerlichkeit, wie er in Folge der mißglückten Putsche von
Straßburg und Boulogne auf ihm lastete, von der Verfolgung
seiner ehrgeizigen Ziele abschrecken. Eingeschlossen in die Mauern
der Festung Ham, tröstete er sich, indem er sagte:

„Es ist selten, daß große Unternehmungen beim ersten Male
gelingen.“

In ihm befand sich eine abergläubische Ader; er gab sich
nicht selten Träumereien hin; das Phantastische zog ihn an.
Ferner der fast absolute Mangel an moralischen Bedenken bei
der Wahl seiner Mittel. Ich sagte einmal von ihm und von
einem andern noch größeren, heute noch lebenden und machtvoll
wirkenden Staatsmann: „Alle Mittel sind ihm recht, sogar —
die guten.“ Endlich drittens, die souveräne Verachtung der
Menschen als Einzelwesen sowohl wie in ihrer Gesammtheit —
gleichfalls eine charakteristische Eigenschaft jenes eben von mir
angedeuteten Staatsmannes.

Es erscheint wunderbar, daß ein Mann mit seinen Antecedentien, die vornehmlich während seines Aufenthaltes in New-
York und nach seiner Flucht aus Ham während des in London
der schmutzigsten und unwürdigsten Art waren, so daß die höhere
englische Gesellschaft ihn mit dem vernichtenden Satze aburtheilte:
„er ist kein Gentleman“, 1848 zweimal hintereinander die
Wahl zum Deputirten bei der constituirenden Versammlung
und schließlich die zum Präsidenten der Republik durchsetzte.
Weniger wunderbar wird es freilich, wenn man die Mittel kennt,
die er zu diesem Zwecke anwandte. Er beutete geschickt den
namentlich im französischen Landvolke fortwuchernden Cultus für
den Namen Napoléon aus; er vertheilte Geld und Versprechungen
an eine Koterie gewissenloser, aber entschlossener Leute wie

Morny, Persigny, Mocquard, Vaudrey, Bacciochi, Saint=Arnaud, Magnan, Fleury, Forcy und Andere ähnlichen Calibers, die in der Erhebung ihres Herrn ihre eigene Erhebung erblickten, er trieb ein verrätherisches Spiel mit den verschiedenen Parteien, indem er den Arbeitern sich als Socialist darstellte, unter Hinweis auf seine 1842 veröffentlichte Schrift: „Extinction du paupérisme". dem reactionären Club der rue de Poitiers als Vertreter des Prinzips der Ordnung, den Bona= partisten als Incarnation des Napoléonismus und verstand end= lich, nach dem Vorbilde Sixtus V., seine Wolfsnatur unter einem trügerischen Schaafspelze zu verstecken.

Dazu besaß er im höchsten Grade die staatsmännische Eigen= schaft des Schweigens. Er liebte es nicht, um einen Ausdruck Leicester's aus Schiller's „Maria Stuart" zu gebrauchen, „die Glocke seiner Thaten zu sein". Er gefiel sich darin, die Welt mit plötzlichen, unvorhergesehenen Entschlüssen zu überraschen, wie z. B. mit dem Vorschlag zur Zusammenberufung eines europäischen Congresses und mit dem Friedensschluß von Villa= franca. Es schmeichelte seiner Eitelkeit, zuweilen die gleich einem Blitzstrahl aus den Wolken herabfahrende strafende Vorsehung zu spielen. Alexander's Durchhauung des gordischen Knotens galt ihm als nachahmungswürdiges Beispiel, auch wenn dieser Knoten von ihm selbst geschürzt worden war. Die Rolle eines Deus ex machina sagte ihm zu, selbst in den von ihm verfaßten Stücken. Der schon einmal von mir gemachte Vergleich mit einer räthselhaften Sphynx ist treffend. Schon in seiner Jugend übte er die schwere Kunst des Schweigens.

Einstmals saß er, kurz vor der Straßburger Affaire, als die Jagdgefährten sich schon auf den Anstand gestellt hatten, träumerisch, in Gedanken versunken, unter einem Baume und starrte in die Gegend hinaus. Da nahte sich ihm der Ge= meindeamtmann von Salenstein im Thurgau, Hutterle, und fragte ihn:

„Prinz, woran denken Sie, und warum jagen Sie nicht?"

„Wenn ich", erwiderte Louis Napoléon, „mir denken könnte, daß meine Kappe wüßte, was unter ihr vorgeht, ich würde sie augenblicklich verbrennen."

In dem Briefe, welchen er an die provisorische Regierung der Februar = Republik richtete, bot er dieser seine „Mitwirkung an für die Sache, welche sie repräsentire", sprach von „der Er= gebenheit, die er für alle Mitglieder derselben empfinde", ver= sicherte sie „der Reinheit seiner Absichten und seiner Vaterlands= liebe" und betonte, „sein einziger Wunsch sei, nach dreißigjähriger Verbannung nach dem theuern Frankreich heimzukehren."

Sein Wahlmanifest enthielt nachstehenden Passus: „Ich bin kein Ehrgeiziger. Erzogen in freien Ländern in der Schule des Unglücks, werde ich stets den Pflichten treu bleiben, die mir Eure Stimmen und der Wille der Nationalversammlung auf= erlegen. Ich verpfände meine Ehre, daß ich nach Verlauf von vier Jahren meinem Nachfolger die Macht ungeschwächt, die Frei= heit unangefochten und einen wirklich vollbrachten Fortschritt über= liefern werde."

Nach seiner Wahl zum Präsidenten leistete er folgenden Eid: „In Gegenwart Gottes und vor dem französischen Volke, vertreten durch die Nationalversammlung, schwöre ich, der einen und untheilbaren Republik treu zu bleiben und alle Pflichten, welche die Verfassung mir auferlegt, zu erfüllen." Noch in seiner ersten jährlichen Botschaft an die Nationalversammlung, am 31. Dezember 1849, schrieb er: „Ich will des Vertrauens würdig sein dadurch, daß ich die Constitution aufrecht erhalte, wie ich geschworen habe." Wie er sie aufrecht erhielt, zeigte der zweite Dezember 1851, wo die betrunkenen Officiere den be= trunkenen Soldaten zubrüllten: „Keine Schonung! Dringt in die Häuser und tödtet Alles!", und wo die Soldaten ohne Be= denken jenen Blutbefehlen nachkamen.

Vielleicht bewährten sich indessen hier die Worte, welche
Heinrich von Kleist in seinem Trauerspiel: „Die Familie Schroffen=
stein" dem Grafen Rupert in den Mund legt:

„Das aber ist der Fluch der Macht, daß sich
Dem Willen, dem leicht widerruflichen,
Ein Arm gleich beut, der fest, unwiderruflich
Die That ankettet. Nicht ein Zehntheil würde
Ein Herr des Bösen thun, müßt' er es selbst
Mit eig'nen Händen thun."

Wieder einmal bestätigte sich die in der Weltgeschichte häufige
Thatsache:

„Heut ist der Fürsten Besitz, die Völker, sie haben das Morgen,
Aber der dritte Tag schon Usurpatoren gehört."

Mit jenem Tage begann für Louis Napoléon die Mög=
lichkeit, die sogenannten „napoleonischen Ideen", wie er sie in
einem 1839 unter diesem Titel erschienenen politischen Glaubens=
bekenntniß entwickelt hatte, zu verwirklichen.

Auf zwei Grundideen lassen sich dieselben zurückführen. Die
erste ist, die gegen Frankreich oder, richtiger gesagt, gegen Na=
poléon I. vom Wiener Congreß gefaßten Beschlüsse umzustoßen;
die zweite, die unausgeführt gebliebenen Pläne seines Oheims
in's Werk zu setzen, die unvollendeten zu vervollständigen, die
seiner Meinung nach fehlerhaften zu verbessern.

Bethätigungen der ersten Idee waren die Kriege gegen
Rußland in der Krim, gegen Oesterreich in Norditalien und die
indirekt gegen England gerichteten Bestrebungen, die französische
Marine auf einen Achtung gebietenden Fuß zu bringen und in
außereuropäischen Ländern Kolonien zu gründen, wie in Cochin=
china und Neukaledonien, oder wenigstens die Macht der fran=
zösischen Flagge darzuthun, wie in China, in Japan und auch
in Egypten durch die Anlage des Suezkanals. Nur Preußen
blieb ihm damals übrig, um eine ähnliche Abrechnung mit ihm
zu halten. Zu seinem Unheil unternahm er sie 1870.

In der Thronrede, mit welcher Napoléon III. am 12. Ja=
nuar 1863 die Sitzungen des Senats und des gesetzgebenden
Körpers eröffnete, finden sich folgende inhaltschwere Stellen:

„Man gefällt sich gemeiniglich darin, in den Handlungen
der Souveräne verborgene Beweggründe und geheimnißvolle Com=
binationen zu suchen. Meine Politik ist jedoch sehr einfach ge=
wesen: den Wohlstand und den moralischen Einfluß Frankreichs
zu vermehren, ohne Mißbrauch wie ohne Schwächung der in meine
Hände gegebenen Macht;

„Im Aeußern nach Maßgabe des Rechts und der Verträge
das berechtigte Streben der Völker nach einer besseren Zukunft
zu begünstigen;

„Unsere Handelsbeziehungen mit allen Ländern, denen eine
größere Gemeinsamkeit der Interessen uns nähert, zu entwickeln;

„Aus den diplomatischen Mappen die alten strittigen Fragen
verschwinden zu machen, um Vorwände zu Mißverständnissen zu
vermeiden; endlich kühn die Genugthuung für jede unserer Fahne
angethane Beleidigung, für jede unseren Landsleuten zugefügte
Unbill zu betreiben.“

In der Thronrede am 5. November 1864 erklärte er un=
verhohlen: „Die Verträge von 1815 haben aufgehört zu exi=
stiren!“ Die Stelle lautet wörtlich: „Les traités de 1815
ont cessé d'exister. La force des choses les a renversés
ou tend à les renverser presque partout. Ils ont été
brisés en Grèce, en Belgique, en France, en Italie comme
sur le Danube. L'Allemagne s'agite pour les changer;
l'Angleterre les a généreusement modifiés par la cession
des îles Joniennes, et la Russie les foule aux pieds à
Varsovie.“

1863 hatte er auch gesagt: „Expeditionen nach China, nach
Cochinchina und nach Mexiko beweisen, daß es keine auch noch
so entfernten Gebiete giebt, wo eine der Ehre Frankreichs zuge=
fügte Schädigung unbestraft bleibe.“

Freilich glich er in letztem Falle dem Wolfe, welcher dem bachabwärts trinkenden Lamme den Vorwurf machte, ihm das Wasser getrübt zu haben. Wir Mexikaner, unsere nationale Ehre waren vielmehr von Frankreich durch die Hand seines Herrschers schwer geschädigt worden, und Ströme Blutes hat es bedurft, diese Schmach reinzuwaschen.

Nach dem Vorausgeschickten kann man auch die mexikanische Expedition als dieser zweiten napoleonischen Idee entsprossen ansehen. Ein Beginn damit war mit der heimlichen Beschützung des in den Jahren 1853 und 1854 durch den Grafen Raousset de Boulbon von San Francisco aus gegen Sonora unternommenen Flibustierzuges gemacht worden. Als man diesen gascognischen Abenteurer, nachdem sein erster Versuch, sich der Hafenstadt Guaymas zu bemächtigen, gescheitert, im Juni 1853 nach der Hauptstadt Mexiko brachte, lernte ich ihn dort kennen; beim zweiten noch unglücklicheren Versuche wurde er nicht nur gefangen genommen, sondern auf Befehl des Generals Yañez am 12. August 1854 von Rechtswegen erschossen.

Wiederholt habe ich in diesem Werke die kleinen Ursachen auseinandergesetzt, welche als große Wirkung jene Expedition herbeiführten.

Nur über die berüchtigten sogenannten Jecker-Bons will ich nochmals, wie ich es früher versprochen, und auf die Gefahr, bereits Mitgetheiltes theilweise zu wiederholen, einige Worte sagen; die Geschichte ist zu charakteristisch für die am damaligen Pariser Hofe herrschende Bestechlichkeit.

Der in Mexiko ansässige Schweizer Banquier Jecker hatte im Jahre 1860 einen betrügerischen Bankerott gemacht, bei dem unter andern Summen auch die 40,000 Pesos enthaltende, bei ihm deponirte Kasse der französischen Wohlthätigkeitsgesellschaft in alle Winde geflogen war. Er suchte nun nach Mitteln, um durch eine kühne Finanzoperation sich wo möglich mit einem Schlage zum Millionär zu machen. Dazumal regierte als inconſtitutioneller Präſident der Reaktion in der Hauptſtadt Mexiko Miguel Miramon. Wie oft ſchon, befand dieſer ſich auch jetzt wieder in argen Geldnöthen. Das beliebte Mittel der Zwangs= anleihen wollte nicht mehr ziehen. Vor ſeinen Bitten, vor ſeinen Drohungen blieben die Geldkiſten aller reichen Kaufleute ver= ſchloſſen. Selbſt die Kirche, als deren Sankt Michael er ſich gegenüber dem durch Juarez repräſentirten Teufel des Libe= ralismus gerirte, wollte keine weiteren Kleinodien mehr dem direkten Dienſte des Prieſtergottes entziehen, um ſie durch den Schmelztiegel wandern und in gemünztes Gold zur Bezahlung der Truppen umſchmelzen zu laſſen. Da zur rechten Stunde ſtellte ſich Miramon jener Jecker vor und machte ihm den Vorſchlag, die früher vom Präſidenten Zuloaga ausgegebenen, bis auf 4 Procent ihres Nominalwerthes geſunkenen, ebenſo die, nach dem Namen eines Finanzminiſters genannten, Peza=Bons, im Be= trage von 34 Millionen Peſos, die nicht einmal mehr den Koſten= preis der Herſtellung werth waren, in neue Bons zu convertiren, Miramon eine baare Summe von etwa einer halben Million Peſos einzuhändigen und außerdem eine Anzahl von Uniformen für ſeine Soldaten anfertigen zu laſſen gegen die Verpflichtung, daß die neuen Bons in der Höhe von etwa 14 Millionen für 80 Procent ſämmtlicher Contributionen mit nur 5 Procent Vor= theil für die Regierung in Zahlung angenommen worden ſollten. Miramon verkaufte ſomit, nach dem im vorigen Jahrhundert von den franzöſiſchen Finanzpächtern befolgten Syſtem, für einen Spottpreis den größten Theil der Renten der Republik.

Sobald der 1860 noch in Veracruz reſidirende Juarez von dieſem Wuchergeſchäft Kenntniß erhielt, proteſtirte er gegen daſſelbe auf das Energiſchſte, und nachdem er ſpäter den Sitz ſeiner Regierung nach der Hauptſtadt hatte verlegen können, blieb er ſich nur conſequent, als er die von Jecker vorgebrachte von 14 auf 10 Millionen reducirte Forderung zurückwies. Jecker wandte ſich nun an den franzöſiſchen Geſandten Dubois de

Saligny und erlangte gegen eine Cejsion von einer halben
Million dessen diplomatische Protektion für seinen Schwindel.
Saligny war sogar unverschämt genug, dieserhalb an die mexi=
kanische Regierung in aller Form eine Reklamation zu richten.
Als diese selbstverständlich resultatlos blieb, wurde eine weitere
Corruption bei den einflußreichsten Personen des französischen
Hofes in's Werk gesetzt. Aus der Correspondenz, welche zwischen
Jecker und seiner in Europa weilenden Familie geführt, und die
glücklicherweise von uns aufgefangen wurde, ging Dieses auf das
Unwiderleglichste hervor. Darin war eine von mir selbst ein=
gesehene Namenliste der Betheiligten mit Angabe der ihnen zu=
gesicherten Summen enthalten. Den Löwenantheil erhielt der
Herzog von Morny, Präsident des gesetzgebenden Körpers.
Jecker pflegte ihn darum in familiärer Weise „Herzog Halb=
Part", duc part-à-deux zu nennen.

Dabei fällt mir eine 1864 vom Londoner „Punch" ver=
öffentlichte Carrikatur ein, auf welcher Morny, dessen Gemahlin,
die Fürstin Trubetzkoy, der alte Graf Flahaut, Großkanzler
der Ehrenlegion, sowie der jüngste Sproß der Morny'schen Ehe
abgebildet waren. Der Papa, das neugeborene Kind mit prüfen=
den Blicken betrachtend, findet, daß es ihm gar nicht ähnlich sehe,
Flahaut aber erwidert:

„Das darf Sie nicht wundern, Herzog, das ist ganz natür=
lich. In unserer Familie ist ja überhaupt Alles — natürlich."

Bekanntlich war Morny der uneheliche Sohn Hortense's
und ihres Großstallmeisters Flahaut; die Fürstin Trubetzkoi
die uneheliche Tochter des russischen Czaren, und das Kind —
nun, es war gleichfalls ein — natürliches.

Außer Morny wurden mit Jecker'schen Bons bedacht
Graf Walewsky, unehelicher Sohn Napoléon's I. und der
schönen Polin Walewska, die der Soldatenkaiser auf seiner
Durchreise durch Warschau vorübergehend mit seiner Gunst be=
glückt hatte, die Prinzessin Mathilde, Tochter des Bigamen

Jérome Bonaparte, geschiedene Frau des Russen Demidoff und offenkundige Geliebte des Grafen Niewerkerke, Oberintendanten der kaiserlichen Museen, und noch manche andere hochgestellte Persönlichkeiten.

Daß außer dieser unsauberen Geldaffaire auch clerikale und reaktionäre Interessen mit im Spiele waren, um die Republik Mexiko mit dem ungerechtesten aller Kriege zu überziehen, habe ich bereits erwähnt. Aus drei Fäden war der Strick zusammengedreht, mit dem der Henker der römischen und der französischen Republik die junge transatlantische Republik zu erwürgen trachtete, und diese Fäden hießen: Parteigeist, Bigotterie und Geldgier.

Trotzdem bin ich geneigt, anzunehmen, Napoléon III. würde sich weniger leicht durch seine Frau, seinen Bastardbruder, seine Cousine und sonstige bestochene Menschen aus seiner nächsten Umgebung zu jenem Kriege haben bestimmen lassen, wenn er in ihm nicht, wie gesagt, die Verwirklichung einer napoleonischen Idee erblickt hätte, abgesehen von der von mir bereits an einer anderen Stelle dieses Werkes betonten Absicht, durch die Designirung Maximilian's zum Kaiser von Mexiko Oesterreich zu gewinnen, es durch diesen Schachzug von Preußen, mit dem es damals auf freundschaftlichem Fuße stand, zu trennen, und somit die letztere Macht, in Voraussicht des gegen sie geplanten Angriffs, zu isoliren.

Als Louis Napoléon im Jahre 1861 sein Auge auf das schönste und reichste Land Amerikas warf, hielt er es für eine um so leichtere Beute, als die Vereinigten Staaten, der mächtige Nachbar, damals aufgehört hatten, vereinigt zu sein und zu sehr mit ihrem inneren Kriege beschäftigt waren, um an eine Geltendmachung der Monroe-Doktrin zu denken, den Räubergelüsten des gekrönten Tyrannen am Seinestrande ein Veto zuzurufen und diesem Veto nöthigenfalls durch einen auswärtigen Krieg Nachdruck zu verleihen.

. Wohl läßt Schiller den Fiesco sprechen: „Die Schande

nimmt ab mit der wachsenden Sünde"; wohl legt er ihm die
Worte in den Mund: „Es ist namenlos groß, eine Krone zu
stehlen"; aber vor dem Richterstuhl der unparteiischen und vor=
urtheilsfreien Moral ist der Verbrecher um so strafwürdiger, je
größer sein Verbrechen. Noch ist jedoch aus unseren Geschichts=
werken die Verherrlichung jener Massenmörder, vulgo Helden, nicht
verbannt, noch sehen wir eine Menge von Schriftstellern in der
Tagespresse wie in umfangreicheren Werken das widerwärtige
Amt der Thuriferen bekleiden, beständig auf den Knieen liegend
vor den Thronen der Mächtigen und deren schändlichste Hand=
lungen unter Lobhudeleien zu verschleiern wissend.

Aus diesem Grunde halte ich es für eine Pflicht der Ge=
rechtigkeit, wie ich es schon mehrfach gethan habe, was immer
mir an Enthüllungen zu Gebote steht, zusammen zu tragen und
zu veröffentlichen, damit endlich „etwas mehr Licht" sich ergieße
über jenes völkerrechtwidrige Attentat. Daß es ein solches war,
verhehlte Louis Napoléon sich vermuthlich selbst nicht. Also
mußte es beschönigt werden. Daher der Befehl an die kaiser=
liche Presse, sich dieser Arbeit zu unterziehen und den gesunden
Rechtssinn der Massen in Frankreich selbst wie in der übrigen
civilisirten Welt durch langsame Infiltrirung verleumderischer Be=
richte zu fälschen und zu vergiften.

Er selbst gab dazu in seinen Proklamationen das Beispiel.
Bei ihm konnte man die Wahrheit in der Regel nur finden,
indem man seine Lügen umdrehte. Sagte er „Ja", so meinte
er „Nein"; erklärte er: „l'empire c'est la paix", so war zu
lesen Krieg, Krieg um Rom, Krieg in der Krim, Krieg in
Italien, Krieg in Cochinchina, Krieg gegen China, Krieg gegen
Mexiko. Proklamirte er Nichteinmischung, so hieß das Eroberung.

Wenn er die Meinung der Sterblichen in Bezug auf irgend
eine wichtige Frage verwirren wollte, so ließ der Wettermacher ·in
den Tuilerien in seinen Zeitungen und ad hoc geschriebenen
Brochuren eine schwarze Wolke sich bilden, und bald beschattete

und verdunkelte diese den politischen Horizont. Zum Schluß
erschien dann der amtliche „Moniteur" und machte mit seiner
Druckerschwärze die Nacht vollständig. Es glich dieses Verfahren
der Kriegslist des Tintenfisches, der, wenn er sich vor einem
Feinde retten will, einen schwarzen Saft ausspritzt, um das Wasser
zu trüben, und es ist wahrlich kein leichtes Ding, aus solchem
trüben Wasser mit der Angel die Wahrheit herauszufischen.

Michel Chevalier publicirte 1863, wie ich im ersten
Theil dieses Werkes kurz mitgetheilt habe, ein Buch: „Le
Mexique ancien et moderne", unter dessen geschichtlicher
Löwenhaut das bonapartistische Eselsohr in den beiden letzten
Kapiteln, betitelt: „Ueber die Motive, welche eine Intervention
von Europa oder von Frankreich allein in die Angelegenheiten
Mexikos haben mag, sowie über die Chancen ihres Gelingens",
und: „Der Versuch, Mexiko zu regeneriren, betrachtet in seinen
Beziehungen zur Stellung, welche gegenwärtig der römische Hof
gegenüber der modernen Civilisation einnimmt", hervorlugt. Er
hatte die Ordre bekommen zu sagen und sagte — ich will die
wichtigste Stelle hier nochmals anführen:

„Es handelt sich darum, Mexiko zu regeneriren, die lateinische
Race vor den Angriffen der angelsächsischen zu schützen, der ameri=
kanischen Demagogenwirthschaft einen Damm entgegenzusetzen,
mit einem Worte, in Mexiko wie in Paris, wie in Rom die
Religion, die Familie und das Eigenthum zu retten!"

Dabei vergaß Chevalier aber ganz, daß er, was Religion
anbelangt, ein Gegner des Katholicismus gewesen; was Familie
betrifft, für den Vater Enfantin, die Abschaffung der Ehe, die
Rehabilitirung des Fleisches und eine schrankenlose geschlechtliche
promiscuité geschwärmt und wegen im „Globe" erschienener,
als unsittlich verurtheilter Artikel über Ehe und Familie eine
Zeit lang in Sainte Pélagie gesessen; was Eigenthum angeht,
sich theoretisch und praktisch als Kommunist erwiesen und all=
gemeine Gütergleichheit gepredigt hatte.

In seinem Gefolge erschien dann eine Menge anderer Bücher, bald in wissenschaftlich = historischer Form, bald in der von Romanen und Novellen, die sämmtlich eine Rechtfertigung jenes auswärtigen gegen die Republik Mexiko geplanten zweiten Dezembers im Auge hatten.

Ohne Zweifel war Napoléon III. der eigentliche Autor des in Mexiko aufgeführten Dramas. Von Anfang an hatte er sich die Rolle des Hauptakteurs in demselben reservirt. Es lag aber in seiner hinterlistigen, lichtscheuen Politik, zunächst scheinbar eine Nebenrolle zu spielen und vorläufig Andere auf dem ersten Plane agiren zu lassen, obwohl immer nur als Marionetten, deren bewegende Drähte in seiner Hand zusammenliefen. Es wäre ihm leicht möglich gewesen, in dieser Sache allein vorzu= gehen; als schlauer Mann vernachlässigte er indeß keinerlei Vor= sichtsmaßregeln, um den Erfolg thunlichst zu sichern. Er suchte deshalb Bundesgenossen, ich nenne sie Mitschuldige, zu gewinnen, um aus ihnen später seine Dupes zu machen. Als gewiegter Menschenkenner, d. h. als Kenner der schlechten Leidenschaften in den Menschen, hatte er Spanien bei seiner Großmannssucht ge= faßt, England bei seinem Krämergeist. Beide Mächte gingen in die ihnen gestellte Falle, um indeß nichts von dem Erhofften zu erreichen und mit Spott von dannen ziehen zu müssen. Nutzlos hatten sie sich in Kosten gestürzt, ruhmlos sich Mühen, Stra= pazen und Gefahren unterzogen, umsonst ihre Ehre compromittirt.

Was war nun aber Louis Napoléon's Hauptzweck bei dem Zuge gegen Mexiko?

Napoléon I. hatte keinen richtigen Begriff von der Stel= lung, welche baldigst der von Columbus entdeckte Erdtheil auf dem Welttheater einzunehmen berufen sein würde. Sein Blick umfaßte eigentlich nur Europa, und insofern es galt, „das per= fide Albion“, den Erbfeind Frankreichs, zu schwächen, allenfalls auch Asien, genauer gesagt, das britische Ostindien, sowie Egypten und Syrien als Zwischenländer mit den dorthin führenden Straßen.

Amerika lag außerhalb seines Gesichtskreises. Darum verkaufte er um eine verhältnißmäßig geringe Summe an die Vereinigten Staaten die ausgedehnten und einträglichen Colonien an den Ufern des Mississippi.

Napoléon III. erkannte diesen Fehler. Er begriff, daß die Geschichte der Zukunft ihren Hauptschauplatz in Amerika haben wird, und beschloß deshalb, sich jenseits des atlantischen Oceans rechtzeitig einen Platz zu erobern, um dort seine Hebel anzusetzen und weitere Pläne in Ausführung zu bringen. Kein besser gelegener, kein geeigneterer Platz für diesen Zweck als — Mexiko. Vielleicht ist ihm das Verständniß hierfür erst nach und nach aufgegangen. Später trat er aber ganz offen mit seiner Idee hervor, in Mexiko der Macht der Vereinigten Staaten ein Gegengewicht herzustellen.

Louis Napoléon hielt überdies, wie man ja gern glaubt, was man wünscht, eine definitive Secession der südlichen Sklaven=staaten für unausbleiblich. Er begünstigte deshalb wenigstens indirekt die Feinde der Union und wollte der lateinischen Race in Mexiko seinen Schutz gegen die angelsächsische angedeihen lassen, wobei er freilich übersah, daß man dort seinen Schutz gar nicht verlangte und invito beneficium non fit, gegen seinen Willen Einem keine Wohlthat erwiesen wird. Außerdem täuschte ihn in diesem Falle sein sonst wiederholt bewährter politischer Scharfblick, indem er die Cohäsionskraft der zeitweilig auseinander=gerissenen großen amerikanischen Republik unterschätzte.

General Grant hatte Recht, die Secession nicht für voll=ständig überwunden zu erachten, so lange Maximilian als Agent Napoléon's noch im Palaste des Cortez thronte. Wäre es uns Mexikanern nicht gelungen, durch eigene Kraft dem fremd=ländischen Kaiserreich ein Ende zu bereiten, eine von der Re=gierung zu Washington vollführte Intervention zu Gunsten der mexikanischen Republik würde mit Nothwendigkeit das Nachspiel des amerikanischen Bürgerkrieges gebildet haben.

Als einige Zeit vor Abschluß der Londoner Convention der bei der französischen Regierung akkreditirte mexikanische Gesandte La Fuente sich eines Tages in Versailles dem Kaiser vorstellte, um Aufschluß zu erbitten über die augenscheinlich gegen Mexiko gerichteten Kriegsrüstungen und womöglich den seinem Vaterlande drohenden Sturm zu beschwören, entgegnete Napoléon III.:

„Die Geschicke Amerikas sind beschlossen. Es ist zu spät."

Seiner Meinung nach also nicht allein die Geschicke Mexikos, sondern die des gesammten westlichen Continents!

Zu dem anti=amerikanischen Gesichtspunkt stimmen zum Theil die politischen Instruktionen, welche der Kaiser schriftlich dem General Forey ertheilt hatte. Dieser sollte mit größtem Wohlwollen alle Mexikaner, die sich ihm vorstellten, aufnehmen, sich mit keiner bestimmten Partei identificiren, erklären, Alles sei so lange nur provisorisch, bis die mexikanische Nation sich nicht ausgesprochen haben würde, eine große Achtung vor der Religion befunden', gleichzeitig jedoch die Erwerber von Kirchengütern zu beruhigen suchen. Aus diesen Instruktionen wird die schleunige Beseitigung Almonte's begreiflich. Napoléon III. scheint sich in der That anfänglich der Hoffnung hingegeben zu haben, die Bundesgenossenschaft der mexikanischen Nation zu gewinnen.

Für Diejenigen endlich, welche in den historischen Thatsachen gern dem sie durchziehenden und verbindenden philosophischen rothen Faden nachspüren und des Dichters Ueberzeugung theilen:

„Das ist der Fluch der bösen That,
Daß sie fortzeugend Böses muß gebären" —

findet sich ebenfalls eine Erklärung für das mexikanische Projekt. Man kann es nämlich als durch die Logik des Verbrechens herbeigeführt ansehen.

Der Mörder zweier Republiken mußte sich hingezogen fühlen, den tödtenden Dolch über eine dritte zu erheben, um, nachdem

auch diese hingeopfert, eine vierte, die amerikanische Union, zu
bedrohen. In diesem Mordsyllogismus, in welchem der 1849
gegen das republikanische Rom unternommene Zug das erste,
der Staatsstreich vom zweiten Dezember das zweite Glied ist,
stellte der Krieg gegen die Republik Mexiko das dritte Glied dar.
Nicht zufrieden, durch Waffenmacht und Verrath das republi=
kanische Princip im monarchischen Europa erschüttert zu haben,
wollte Napoléon Aehnliches und mit ähnlichen Mitteln auf
dem ureignen Boden der Demokratie, in Nord=Amerika, ver=
suchen.

Es liegt in der Natur der Dinge, daß Gleiches Gleiches
hervorbringt. Ein Jeder gehorcht dem Gesetze seiner Bestim=
mung, indem er sich in seinen Werken reproduzirt. Der self-
made Kaiser der Franzosen mußte logischerweise an die Stelle
eines republikanischen Präsidenten einen Kaiser von Mexiko
setzen.

So lange jene Republik im Sumpfe der Anarchie steckte,
mochte sie immerhin fortexistiren. Ihr Bestehen nützte sogar
indirekt dem Monarchismus, indem man auf sie als abschrecken=
des Beispiel hinweisen konnte für alle Diejenigen, welche sich
nach republikanischen Staatsformen sehnten. So dienten der
spartanischen Jugend die berauschten Heloten als verkörperte Lehre,
sich nicht im Uebermaß dem Genusse des Weins hinzugeben.

Darum hörte man von keiner Einmischung in die inneren
Angelegenheiten Mexikos, so lange dem Anschein nach endlose
Bürgerkriege das Land zerrissen. Sobald aber diese unvermeid=
lichen Kinderkrankheiten, welche jedes junge Staatswesen, das
aus dem Zustande der Knechtschaft in den der Freiheit übergeht,
durchzumachen hat, theoretisch wie faktisch ihrem Abschluß nahe
gekommen waren; kaum daß Benito Juarez durch die „Re=
formgesetze" das Säbel= und Kuttenrégime gestürzt und das Gift,
welches das sich zurückziehende Spanien wie in einem Nessus=
gewande seiner bisherigen Colonie hinterlassen, durch energische

Mittel aus dem Körper der Republik zu entfernen begonnen hatte: da ertönte mit einem Male in Europa der Ruf: Mexiko ist ein verkommenes Land, in Mexiko muß im Interesse der Menschlichkeit intervenirt, Mexiko muß durch bleierne Pillen curirt und regenerirt werden!

Unser Verbrechen lag zu Tage.

Nach fünfzigjährigem Ringen hatten wir endlich das in unserm Lande als entsetzlicher Anachronismus aufrecht gebliebene Jahrhundert Philipp's II. erschlagen und begraben. Wir hatten uns endlich auf die Höhe des neunzehnten Jahrhunderts emporgeschwungen. Wir hatten endlich den Ideen, aus welchen die nordamerikanische Union hervorgegangen war, in Mexiko eine neue Heimat mit ungemein empfänglichem, fruchtbarem Boden gegeben.

In den Augen, weniger Louis Napoléon's als seiner Egeria Eugenie, mußte es als Verbrechen gelten, den Staat von der Kirche emancipirt zu haben, von jener katholischen Kirche, der die lateinische Race ihren theilweisen Niedergang verdankt, und welcher sich um so augenscheinlicher bemerkbar macht, je ungebrochener, wie z. B. in Spanien, ihre Macht ist: als weiteres, noch größeres Verbrechen galt für ihn, daß wir einen Präsidenten aufweisen konnten, der — bis Ende 1865 wenigstens — Washington's Beispiel gefolgt, treu seinem Eide, Unterthan des Gesetzes und nicht sein Herr, Diener des Volkswillens und nicht sein Fälscher und Knebeler war.

Mexiko, selbst das von Europa so tief gestellte Mexiko, war im Begriff, die Lebensfähigkeit der republikanischen Institutionen durch die That darzuthun. Welch' ein Beispiel für andere Länder des nämlichen lateinischen Ursprungs! Das rothe Phantom des Schreckens vor der Anarchie und der Gütertheilung, das einst neun Zehntel der Franzosen in die weit geöffneten Arme des Imperialismus getrieben hatte, mochte etwas von seinem heilsamen Einfluß einbüßen.

Die Existenz eines Juarez, eines bis zur Hälfte des

sechsten Decenniums echt republikanischen Präsidenten, war ein lebendiger Vorwurf für den eidbrüchigen französischen Ex-Präsidenten.

Auch in Mexiko zeigte nun Amerika, wie es dasselbe schon seit Jahren in den Vereinigten Staaten gezeigt hatte, daß man ganz gut ohne einen gekrönten Herrn, ohne Civilliste und Hofschranzen sich behelfen, daß man auch ohne sie glücklich sein und Fortschritte machen könne. Der Monarchismus begann Furcht zu empfinden. Bald vielleicht würde in jenem Continente die letzte Krone fallen — vom Haupte des schon halb republikanischen Pedro II. von Brasilien; bald vielleicht würden die letzten europäischen Colonien — Kanada, Kuba, Jamaica, Martinique u.s.w. — ihre Unabhängigkeit proklamiren und sich republikanisiren; bald vielleicht Jefferson's und Monroe's stolzes Wort: „Amerika für die Amerikaner" zur Wirklichkeit werden, und ein enges Band sämmtliche freien Staaten von der Hudsonbai bis zur Magelhaensstraße umschlingen. Ein großer, junger, republikanischer Welttheil würde dann dem viel kleineren, altgewordenen, monarchischen Europa gegenübertreten und es schließlich nach den Gesetzen der Attraction in seine Bahnen mitfortreißen.

Solchem entsetzlichen Unglück mußte vorgebeugt, der Augenblick des amerikanischen Bürgerkrieges benutzt werden — und Napoléon III. sandte seine Schiffe und Truppen nach Veracruz.

Alle diese Gedanken wirbelten mir im Kopfe herum, als ich während des Beginns meiner Kriegsgefangenschaft in Evreux die Nachricht erhielt, der Kaiser werde bald jene Stadt besuchen. Nicht unwahrscheinlich war es, daß ich dann Gelegenheit finden würde, mit ihm zu sprechen, und da ich auch derjenigen Phasen seiner Vergangenheit gedachte, in welcher er — wenigstens scheinbar — liberalen Grundsätzen gehuldigt hatte, da ich ferner eine ziemliche hohe Meinung von seiner politischen Klugheit besaß, so faßte ich den Plan, dessen Gelingen mir durchaus nicht außerhalb des Bereiches der Möglichkeit zu liegen schien, einen Versuch zu

machen, das Meinige beizutragen, um ihn zum Aufgeben der
mexikanischen Intervention zu bereden.

Was ich vorausgesehen hatte, trat ein. Der Präfekt Jan=
vier de la Motte stellte, außer zwei mexikanischen Generalen,
auch mich dem Kaiser vor, und dieser richtete freundliche Worte an
mich, als ich ihm in's Gedächtniß zurückrief, daß ich vor fünf=
zehn Jahren schon in den Salons von Cavaignac mit ihm ge=
sprochen hatte. Als ich ihm gleichzeitig meinen lebhaften Wunsch
ausdrückte, zu dem Zwecke, ihm einige Bemerkungen betreffs
meines Adoptivvaterlandes zu unterbreiten, eine Privataudienz
bewilligt zu erhalten, erwiderte er mir, ich möge der Ordnung
wegen in amtlicher Form um eine solche nachsuchen, er würde
mich gewiß gern empfangen.

Die Festlichkeiten in Evreux waren vorüber. Kleinstädtische
Ruhe herrschte dort wieder nach dem wochenlangen bewegten
Treiben der Ausstellung, welche viele Tausende von Gästen her=
beigelockt. Auch unser, der Kriegsgefangenen, Lebensweise hatte
von Neuem ihr gewohntes Gepräge angenommen. Nur mich
verzehrte eine fieberhafte Aufregung. Auf mein an den Chef
des kaiserlichen Cabinets gerichtetes Audienzgesuch war mir am
19. August der Bescheid zugegangen, dasselbe sei dem Ober=
kammerherrn des Kaisers zur Begutachtung überwiesen worden.
Drei Tage später gelangte an mich eine zweite Zuschrift, welche
die Mittheilung enthielt, mein Gesuch werde dem Kaiser selbst
vorgelegt und ich von dessen Entscheidung benachrichtigt werden.
Am 10. September schrieb mir, in Vertretung des abwesenden
Oberkammerherrn, der erste Kammerherr Bacciocchi, daß über=
häufte Geschäfte den Kaiser vor seiner Abreise — ich entsinne
mich im Augenblick nicht, wohin er gegangen war — verhindert
hätten, mir die erbetene Audienz zu gewähren.

Damit war die Sache beendet, d. h. mein Plan in's Wasser
gefallen.

Augenscheinlich hatten die bei Hofe maßgebenden Personen

Napoléon III. verhindert, meinen Wunsch zu erfüllen. In ihren Kram konnte es natürlich nicht passen, daß vor dem Mon= archen ein wahrheitsgetreues Bild der Zustände in Mexiko auf= gerollt würde. Auch in jenen Kreisen war ich als begeisterter Vertheidiger der mexikanischen Unabhängigkeit nicht unbekannt geblieben. Das Buch: „Appellation der Mexikaner von dem schlecht unterrichteten an das besser unterrichtete Europa", welches ich Anfang 1862 veröffentlicht, und in dem ich die Unhaltbarkeit der zur Gunsten der Intervention in's Feld geführten Vorwände nachgewiesen hatte, war aus dem Spanischen außer in's Englische auch in's Französische übersetzt und, trotzdem oder weil es von einer schnellen Confiscation ereilt wurde, in Frankreich ziemlich ver= breitet worden. Dem ehemaligen Generalconsul in Paris, einem Franzosen, Montluc mit Namen, hatte es sogar einen Prozeß eingetragen, da man ihn, in dessen Besitz sich ein Exemplar vor= fand, irrthümlicherweise für den Verfasser des Buches hielt, indem man meinen auf dem Titel stehenden Namen als Pseudonym erklärte, so daß ich den Angeklagten nur dadurch vor der ihm zugeschriebenen Verantwortlichkeit retten konnte, daß ich schriftlich für meine Autorschaft eintrat. Napoléon III. würde demnach, wenn er mich angehört hätte, sicher manches Neue erfahren haben. Wer weiß, ob er in Folge davon sich nicht entschlossen hätte, einen früheren Rückzug anzutreten! Ehrenvoller wäre er ohne Zweifel gewesen als derjenige, zu welchem er sich Anfangs 1867 genöthigt sah.

Wie ich im vorigen Abschnitt erzählt habe, ließ ich wenig= stens durch den Obersten Henry ein kurzes Memorandum über die mexikanische Frage an den Kaiser gelangen. Eine Wirkung erzielte es nicht.

In der Thronrede vom 5. November 1864 war übrigens Napoléon's Sprache betreffs Mexikos etwas weniger zuver= sichtlich als in der im Januar 1863 von ihm gehaltenen, ob= wohl in ihr immer noch eine viel zu optimistische Auffassung vorwaltete. Er sagte nämlich:

„Die Prosperität unseres Landes würde einen schnelleren Aufschwung nehmen, wenn nicht politische Präokkupationen sie zu trüben kämen; im Leben der Nationen stellen sich jedoch unvorhergesehene, unvermeidliche Ereignisse ein, denen sie furchtlos in's Auge schauen und die sie ohne Schwäche ertragen müssen. Zu diesen gehören der Krieg in Amerika, die gezwungene Besetzung Mexikos und Cochinchinas, der Aufstand in Polen.

„Die fernen Expeditionen, Gegenstand so vieler Verurtheilungen, sind nicht die Ausführung eines vorbedachten Planes gewesen; die Macht der Thatsachen hat sie herbeigeführt. Demungeachtet sind sie nicht zu beklagen.

— — — — — — —

„In Mexiko haben wir nach einem unerwarteten Widerstande, welchen der Muth unserer Soldaten und Seeleute überwunden hat, die Bevölkerung uns als Befreier empfangen gesehen (?). Unsere Anstrengungen werden nicht nutzlos gewesen, wir werden reichlich für unsere Opfer entschädigt sein, wenn wir das Geschick jenes Landes, das uns seine Wiedergeburt verdanken wird (!), in die Hände eines Fürsten gelegt haben, dessen Einsicht und sonstige Eigenschaften ihn einer so edlen Mission würdig machen.

„Haben wir deshalb Vertrauen zu unseren überseeischen Unternehmen, welche, begonnen, um unsere Ehre zu rächen, mit dem Triumph unserer Interessen schließen werden, und wenn voreingenommene Geister nicht errathen, was die für die Zukunft ausgestreuten Keime an Fruchtbarkeit in sich bergen, so wollen wir uns wenigstens nicht den, so zu sagen, an den beiden äußersten Enden der Welt, in Peking wie in Mexiko, erworbenen Ruhm verkleinern lassen."

Die Worte, mit welchen man die französische Nation am Leichtesten ködert, und Napoléon III. wußte es, sind bekanntlich: Ruhm und Ehre. Bei jeder Gelegenheit werden sie im Munde geführt. Geschickte Führer und Verführer des Volkes brauchen nur diese magischen Worte in die Massen zu werfen,

um dieselben zu allen, selbst den ehrlosesten Handlungen fortzu=
reißen. Namentlich auf die Armee üben sie einen unwider=
stehlichen Zauber aus. „Honneur et gloire!" — laßt diesen
Ruf vor den Ohren der französischen Soldaten erschallen, und
sie stürzen sich mit blindem Enthusiasmus in den ungerechtesten
Kampf, lassen sich mit Freude zu den schmählichsten Expeditionen
mißbrauchen.

Daß ich richtiger den Ausgang des Versuchs, Mexiko zu
monarchisiren, voraussah als Napoléon III., ist nicht zu ver=
wundern. Ich kannte eben die Verhältnisse besser. Aus meinem
Memorandum geht dieses hervor. Noch entschiedener sprach ich
mich in gleichem Sinne im Dezember 1865 in meiner in New=
York veröffentlichten Arbeit „Mexiko und die mexikanische Frage"
aus, indem ich schrieb:

„Die Stunde der Abrechnung ist nahe.

„Von Neuem strahlt die Union mit dem Glanze aller
ihrer Sterne.

„Es wird nichts helfen, daß Frankreich erklärt, es habe
nicht die Absicht, Eroberungen zu machen; es habe nichts ge=
nommen, nichts angenommen; es wünsche keinen Theil der
weiten Ausdehnung des mexikanischen Gebietes, das von seinen
Truppen besetzt ist, zurückzubehalten, seine Besetzung sei, wie
man jetzt sehr wohl in den Vereinigten Staaten begreife, allein
eine zeitweilige und werde mit der Ursache, die sie herbeige=
führt, fallen.

„So erhebt ein Mann wohl drohend die Faust gegen seinen
Rivalen, wenn er denselben in gefährlichem Ringen mit einem
andern Gegner begriffen sieht. Doch dieser Gegner sinkt besiegt
zu Boden, der Sieger steht wieder da in seiner vollen früheren
Stärke, und — schnell gleitet die geballte Faust in die Tasche;
die Neid und Gehässigkeit abspiegelnden Züge verziehen sich
mit allmäliger, unmerklicher Metamorphose, wie man solche in
den Nebelbildern wahrnimmt, zu einem freundschaftlichen Grinsen.

„Napoléon muß seine Truppen aus Mexiko ziehen. Thut er es nicht, nun so wird der Republikanismus einen um so glänzenderen Sieg über den Monarchismus erringen.

„Als Louis Napoléon sich heimtückischer Weise vor vier Jahren in Mexiko hineinstahl, da ahnte er schwerlich, wie theuer ihm dieser Schritt eines Tages zu stehen kommen würde.

„Die versuchte Unterjochung Mexikos hat vielleicht zur Folge die Befreiung Frankreichs vom Joche seines Tyrannen!"

Diese Vorhersagung ist bis zu einem gewissen Grade in Erfüllung gegangen. Die mexikanische Expedition hatte physisch und moralisch das Kaiserreich so sehr geschwächt, daß es dem wenige Jahre später erfolgten deutschen Ansturm nicht die nöthige Widerstandsfähigkeit entgegenzusetzen vermochte; es mußte ihm er= liegen, und es erlag ihm.

Als der „sanftmüthige" Pionono, wie seine Bewunderer ihn zu bezeichnen lieben, der aber keinen Anstand nahm, seinen besten Freund mit einem scharfen Witzwort zu verletzen, wann ein solches sich ihm auf die Lippen drängte, den Zusammen= bruch der Kaiserherrlichkeit in Sedan erfuhr, da gestattete er sich, vergessend, daß nur durch Napoléon's III. Beistand er nach Rom zurückgekehrt und im Besitz der weltlichen Macht verblieben war, den Calembourg:

„Ce chien" — nämlich Napoléon! — „ne mordra plus, il a perdu Sédan" (ses dents).

In des Papstes Munde halte ich diese Aeußerung für einen Beweis empörendster Undankbarkeit. Oder hatte das Oberhaupt der katholischen Kirche noch immer nicht vergessen, daß der spätere Beschützer des souveränen Papstthums in seinen jüngeren Jahren einen Handstreich auf Civita Castellana, eine Stadt des Kirchen= staates, versucht? Oder schenkte er seinen Ministern Glauben, die fortwährend den Verdacht in ihm genährt hatten, Na= poléon III. habe sich in seinem Innern über die Verlegen=

heiten gefreut, mit welchen der Stuhl Petri zu kämpfen hatte?

Sehr bitter äußerte sich über jenen Zusammenbruch auch Turgenjew in einem aus Baden=Baden im September 1870 an seinen Freund Ludwig Pietsch in Berlin gerichteten Brief: „— — — — Aber daß jener elende Schuft endlich sammt seiner ganzen Clique in die Kloake hinunterstürzte — das erlebt zu haben, ist doch ein wahres Glück. Warum behandelt man den Kerl mit so vieler Rücksicht?"

Ich aber hätte unzweifelhaft das Recht, wollte ich mich ein= mal zur Kaisergruft nach Chiselhurst begeben, dem Dichter Schu= bart, hohenaspergischen Angedenkens, die markerschütternden Verse nachzusprechen, welche er an die in Särgen eingeschlossenen einst gekrönten Menschenkinder richtete:

„Da liegen sie, die stolzen Fürstentrümmer,
Ehmals die Götzen dieser Welt,
Da liegen sie, vom fürchterlichen Schimmer
Des blassen Tags erhellt!
Da liegen Schädel mit erloschnen Blicken,
Die ehmals hoch hinabgedroht,
Der Menschen Schrecken, denn an ihrem Nicken
Hing Leben oder Tod!
Nun ist die Hand herabgefault zum Knochen,
Die oft mit kaltem Federzug
Den Weisen, der am Thron zu laut gesprochen,
In harte Fessel schlug!"

Und die Quintessenz dieser des besten Republikaners würdigen Betrachtung lautet:

„O Mensch, wie klein bist du!"

In diesem Sinne sage ich es auch von Louis Napoléon. Sonst verdient er aber wohl, trotz aller Fehler, die er begangen, und trotz der Schlußkatastrophe seiner Laufbahn, einen Platz unter den Großen dieser Erde einzunehmen. Blut genug hat er ver=

gießen laſſen, rückſichtslos genug hat er gehandelt, Erfolge genug hat er davongetragen, um im Tempel der heutigen officiellen Geſchichte eine Denkſäule beanſpruchen zu dürfen. Das ſchließt freilich nicht aus, daß die Geſchichtsſchreiber der neuen, werden= den, kommenden Zeit, kaum eingedenk der einzelnen guten Eigen= ſchaften, die er beſaß, ſein Bild an den Schandpfahl nageln werden.

Auch einige der Gegenwart haben es anticipando gethan.